班主任的九堂必修课

陈 宇 著

中国人民大学出版社

·北京·

CONTENTS
目录

第二课 构建合理的班级组织结构

第五课　构建班级多元评价体系

第六课 营造良好班风

第七课　管理好班级活动关键时间点

自　序

近些年，彼得·德鲁克的管理思想在我国颇受追捧，其作品畅销不衰。德鲁克的影响力已经从企业界扩展到其他领域，包括教育界。因为教育的主阵地——学校，就是一种组织，有组织就必然需要管理。班级也同样如此。

班级管理，是班主任的主要工作之一。研究班主任工作，必然要研究班级管理。但是班级管理本身并没有多少原创的、系统的方法论。被很多人反复强调的，无论是以人为本，还是激活个体，抑或文化浸染，源头都不是学校管理而是现代管理学。当代的班主任或学校管理者，没有一定管理学理论知识和方法，仅凭感觉、经验、热情、爱心做粗放式管理，显然是不专业的。

但是，我们也不应该把管理学想象得高深莫测，它的很多核心理念与教育原理是相通的。无论企业管理和班级管理有多少不同，二者都有同一个关键点，就是要做好"人"的工作。管理，因人而成事。

目中无人的管理，无论在哪里都不可能是好管理。所以，班主任本应该不难理解管理的原理。但是，因为国内鲜有一线教师系统地整理班级管理的方法论，而一些冠以"班级管理学"的作品又多出自高校教师之手，还是以理论为主，结果造成班主任难以在实操中应用。这种理论与实践脱节的问题，在班主任工作研究中很常见。

本书具体呈现了管理学理念和方法是如何在班级中加以运用和演绎的。由于每种方法都来自班级的具体实践，所以其中所蕴含的管理学知识更有利于班主任较好地理解。

说到管理，有一个基本但容易被忽视的理念，那就是"有效"。这其实是把很多人对"优秀班主任"的理解颠覆了。一般我们总会用"勤勤恳恳""一心扑在工作上""关爱学生"等语句来表述班主任的优秀。这些描写都在讲"态度"。当然，工作态度很重要，但不是态度好就是优秀。德鲁克在《卓有成效的管理者》中指出，有效的管理者不会一接到工作就一头扎进去，他们并非为工作而工作，而是为成果而工作。德鲁克指的"成果"，就是贡献，就是实现目标。

班主任做管理，目标是什么？是发展学生。这就意味着，所有与发展学生无关的活动，都是无效的。对班主任来说，如果他在做事之前总是先思考："我做的这件事与发展学生有关吗？"然后去想："我可以怎么做？"最后再想："我这样做达到目的了吗？"这样的班主任就是一个脑力劳动者和一个真正的教育管理者。

按这样的思路去理解本书对班级组织结构和管理流程的解读，就会有一些新认识。原来，所有这些都是为了发展学生而设计的。与此无关的，都是多余的，都是在浪费资源。我向来主张，班级管理要做减法。奥卡姆剃刀原理指出，如无必要，勿增实体。这个"必要"，当然就是指与发展学生有关的事。这种思路会让班级管理变得很单纯、很干净，也足够简单。简单是高效的前提。

举个例子。本书有专门讨论小组建设和班级保洁工作的章节。如果把保洁工作作为小组建设的一部分，就会既简单又高效。以小组为单位承包班级的保洁工作，小组制定保洁职责、安排保洁时间，以及进行检查与评价，所有管理流程都在小组内完成。小组自我管理，既可以减轻班主任的工作负担，学生的能力和团队意识也会得到提升。

这就是"去中心化"的理念。一个班级不能只有班主任一个中心。当每个小组，甚至每个学生都有机会成为中心，有机会为自己做主，施展自己的才华时，他们之间再以情感、规则或文化相连接，整个班级就将是一个"形散而神不散"的强大集体。其中的每个个体都能得到充分尊重和发展。这些理念与管理中强调的激活每个个体是相通的。毕竟，我们的教育目标是发展每一个学生，离开学生个体发展谈班级管理是没有意义的。

总之，本书虽然介绍了很多班级管理的方法，但是希望读者不要只关注方法论。所有的方法都是为了解决问题，不能解决你实际问题的方法就不是你的方法。所以，在阅读本书时，一定要思考。不仅要经常追问："作者为什么会这样做？"更要问："如果我遇到这样的问题，我还可以怎么处理？"这样，思路就会被打开，就会融入自己的思考和探究，进步就会更快。

总之，遵循教育规律，在尊重学生人格和权利的前提下创新班级管理方法，追求效率和效果，才是正道。

第一课

掌握班主任工作
的基本方法

不掌握基本工作方法，会导致班主任在大量的、反复出现的常规问题面前束手无策，更谈不上班主任工作的发展和创新。对班主任工作基本方法进行研究，是解决班主任困惑的最重要的途径之一。

一、掌握班级、学生的情况

班主任工作的第一要务是掌握班级和学生的详细情况。获取信息的过程，其实就是交流、沟通、做思想工作的过程，也是找到解决问题办法的起点。当我们充分了解了学生的情况后，很多管理上的困难就会迎刃而解。

【案例 1-1　一问三不知】

在一次讲座互动中，有位老师提出了一个大家都很感兴趣的老问题：学生上课玩手机如何管理？

在回答之前，我问了这位老师三个问题：

①你的班里有多少学生每天把手机带到学校？

②学生的手机号码你知道吗？

③你的班里哪些学生对手机的依赖比较严重？

这位老师对这三个问题的回答都是"不清楚"。这就是他工作感到困难的原因。因为对这三个问题了解得很清楚的老师，一般不会认为学生的手机是难以管理的。知己知彼，方能百战不殆。没有掌握基本事实，是很难给出好的解决方案的。事实上，很多班主任都处在"我明你暗"的状况中，这导致工作无的放矢，效率低下。

我提出建议：去班里做调查，把三个问题了解清楚，管理手机的方法或许就能浮出水面。

掌握学生情况可以采用以下办法：①谈话，②进行问卷调查，③开座谈会，④书面交流（周记、信件、班主任邮箱），⑤网络交流（QQ、微信等），⑥家访。

这些常规方法不需要太多技巧，但很有效。关键是班主任要有意识地做、坚持做。比如，在班级遇到问题时，做个问卷调查，掌握了基本情况后再想对策。

常规方法往往会被忽视，但往往很有效。

班级在制定任何政策前都需要调查情况，切忌拍脑袋决策。问卷调查法是快速获取学生信息的重要办法。如果在做一件事前没有把握，需要一些信息作为行动参考，就不妨设计一个问卷，问一问学生。

调查问卷分为记名的和不记名的，各有各的用处。比如，为了较好地管理学生交作业的情况，班主任需要制定一些制度。为了全面了解情况，增强制度的针对性，我设计了一份关于写作业的不记名调查问卷。

【案例1-2 关于作业问题的问卷调查】

（请慎重、如实地回答下列问题，你的答案对改进班级作业管理制度很重要！）

1. 你抄作业吗？（　　　）

　　A. 从不　　　　B. 有时　　　　C. 经常

2. 你对抄作业现象的看法是（　　　）

　　A. 反感　　　　B. 可以理解　　　C. 无所谓

其他_____

3. 你抄作业的原因是（如果没抄过作业，可以跳过此题）（   ）

    A. 来不及完成   B. 不会做

    C. 懒得自己思考   D. 怕老师批评

    其他_____

4. 在完成作业这个问题上，你主观的态度是（   ）

    A. 很积极主动   B. 比较积极主动

    C. 有些被动   D. 很被动

5. 如果你的作业没有完成，老师的态度是（   ）

    A. 批评   B. 询问原因

    C. 补做   D. 允许有些空白

    其他_____

6. 如果不能独立完成作业，你会（   ）

    A. 抄作业   B. 问同学或老师

    C. 就让它空着   D. 干脆不交

7. 你认为在完成作业的问题上（   ）

    A. 已经尽力了并且完成得较好

    B. 已经尽力了，但有些还是难以完成

    C. 没有全力以赴，还有潜力可挖

    D. 根本没有放多少心思，以后也不打算改进

8. 你对完成作业持什么态度？（   ）

    A. 不管什么学科都认真完成

    B. 自己喜欢的学科认真完成，对不感兴趣的学科应付差事

    C. 心情好的时候认真完成，心情不好时完成情况不好

    D. 根本不想做作业

9. 你每天完成作业需要的时间是多少？（   ）

    A. 一个小时   B. 两个小时

    C. 三个小时   D. 四个小时以上

10. 你认为现在作业量比较大的学科是（可以多选）（　　）

　　你认为现在作业量适中的学科是（　　）

　　A. 语文　　　　B. 数学　　　　C. 英语　　　　D. 物理

　　E. 化学　　　　F. 生物　　　　G. 历史　　　　H. 政治

　　I. 地理

11. 对作业中不会做的题目，你的做法是（　　）

　　A. 问老师　　B. 问同学　　　C. 自己琢磨　　D. 抄袭

12. 你的家长对你的作业情况（　　）

　　A. 经常检查　　B. 有时检查　　C. 偶尔过问　　D. 从不过问

13. 如果班主任把你不交作业的情况通报给家长，你的态度是（　　）

　　A. 很在乎，尽量不要发生

　　B. 很反感，我会因此恨老师或家长

　　C. 比较在意

　　D. 无所谓

这份问卷提供的信息，对班主任制定规则会有很大帮助。

二、制订班主任工作计划

每学期开学初制订工作计划是班主任的基本工作之一。

制订班主任工作计划绝不是走形式，它有非常重要的实际意义。

为什么要制订计划？因为班级的发展有其内在规律，班级事务的处理要有条理。带班不是跟着感觉走，想到什么做什么；也不是被动应付，走一步算一步。虽然教育过程中的变数较多，很多问题无法预设，但是，班级发展大的方向还是可以把握的。制订科学的工作计划，不仅可以使自己的工作不迷失方向，也会让学生感觉到有奔头，有明确的行动指南。

带班好比带兵打仗，好比做文章。要想打胜仗，不仅需要好的战术，更离不开合理的战略构思和设计。要写好一篇文章，不仅需要恰如其分的表达，更需要谋篇布局，有好的篇章结构。班主任制订工作计划的过程，就是为班级发展布大局的过程。优秀的班主任不仅是将才，更应该是帅才。所谓将才，就是精于班级管理和教育学生的各种具体方法。所谓帅才，就是要像一个战略家一样，能够为班级长远的发展谋划。不仅要看到班级的当下，解决手头的问题，还要看到班级一个学期、一个学年，甚至几个学年后的发展状况。

工作计划是班主任给自己用的，不是应付上面检查的。对班主任工作计划的重视与否，是与班主任带班用心与否、与班主任工作的境界高低密切相关的。

那么，如何制订一份科学的工作计划呢？

（一）制订班主任工作计划的基础

班主任的工作具有很强的阶段性、周期性，一般以一个学期为一个工作单元。所以，班主任工作计划也是一学期一订。计划不是想当然拍脑袋生造出来的，制订计划之前和制订过程中都应有缜密的思考。每一个班级、每一个学期的工作计划都是不同的，因为每个班级都有不同的基础和特点，每个学期班级的发展状况也不同。工作计划必须与班级实际情况吻合。

1.制订工作计划的指导思想

班级需要发展，学生需要进步，班级要在班主任的引领下不断取得进步。这些进步包括班级整体学习成绩的推进、学生个体素质的提升、班级面貌的不断改善、班级凝聚力的增强、班级荣誉的获得，等等。成绩的取得不是靠运气，而是靠实实在在的工作，由师生双方共同努力得来。一个班级健康发展的过程，也就是不断积累成功的过程。为实现这些目标而形成的想法就是制订工作计划的指导思想。

2. 制订工作计划的准备

在制订计划前，班主任要对班级情况做全面了解，特别是新接班时，否则计划就是空谈，脱离实际。主要包括以下情况。

①学生的自然状况：人数、男女生比例、学生来源（原学校、地区社会背景等）。

②入校时的学习成绩：各分数段的人数和人员。

③学生基本素质：文明礼仪、工作能力、理解能力、表达能力、合作能力等。

④学生个性：外向、内向、对集体事务的参与热情。

⑤学生志向：有无奋斗目标，具体的奋斗目标是什么，等等。

掌握这些基本情况是为了了解班级的起点，以便给班级设定一些切合实际的奋斗目标。当然，班主任接手一个新班时，需要处理大量琐碎的事务，工作量很大。但有大局观的班主任不会陷于这些具体事务而忘记抓住奠定班级发展大格局的最佳时机。此时班主任的工作可以分成两块：一块是抓紧时间处理好眼前必须完成的具体工作，如座位安排、卫生安排、班干部分工等；另一块是在紧张工作之余为班级制订长远发展计划。班主任可以采取"手上做，眼睛看，心里想"的工作策略，一边做事，一边思考和策划，采取主动的态势，不自乱阵脚，不被琐事牵着鼻子走，从一开始就把握好班级发展的大方向。

班级的情况不可能在很短的时间里就能搞得十分清楚，重要的是了解班级概况。诸如学生此前的学习成绩、在年级中的成绩位次、基本的自然状况等信息是可以事先了解的，其他信息可以采用多种方法采集，如进行问卷调查、谈话、写随笔等。

3. 给班级发展合理定位

没有十全十美的班级，也没有一无是处的班级。班主任的所谓成功，并不是指要把班级带到多么优秀的水平，而是班级在原有的基础上获得持续提高。要想达到这个要求，给班级合理定位非常重要。班主任在了解班级情况的同时要思考一些问题：

这个班级有什么特点？根据这些特点可以开展哪些合适的教育活动？

班级的起点在哪里？在现有的基础上有哪些地方可以尝试突破？

班级最迫切要解决的问题有哪几个？如何解决？

每个班级都是不同的，不能用过去的老经验带新班，必须消除成见和预设，用全新的眼光观察新的班级和学生。班级的定位准确了，发展方向也就明晰了，行动时就可能做到稳健而理性。

这些思考将自然而然地反映在班主任工作计划之中。

（二）制订班主任工作计划的基本方法

每个学校的情况都不一样，对学生各方面的要求也不同，所以，班主任工作计划必须根据学校总体的工作要求来制订，既要服从大局，也要有班级特点。班级发展必须符合教育规律，不能对班级提出不切实际的要求和指标。班主任工作计划是基于班级现有的基础而定的。因为计划有实际的指导作用，所以要务实，不能写空话套话，要有实现的可能。

班主任可以对班级工作进行分类，对班级各方面工作给出一定的奋斗目标，这些是班主任工作计划的主要内容。计划中应包含班主任带班的战略部署，即班级要通过哪些努力可以达成什么样的目标。

具体而言，班级的发展目标有两个。一个是可测量的指标，重要的是学习成绩的推进，还有班级获得的一些荣誉等。这些指标是刚性的。另一个是无形的指标，关于学生的班级生存状态，包括安全感、价值感、集体自豪感、精神面貌、幸福指数，等等。要打造一个生态环境良好、各项指标优秀，能实现良性循环、螺旋式上升的班级，就必须有一个相对完整的工作方案，并逐步实现目标。

所以，班主任工作计划应该有以下内容：

①班级学习成绩推进的目标以及达成的方法。

②班级管理目标以及基本措施。

③学生素质培养目标。

④班级活动的开展。

以上内容要有具体的表述，比如，关于学习成绩的推进，具体展开如下：

①总均分在年级中的排名，从入校时的第几名上升到第几名。

②高分段指标，班级要有多少名学生进入年级前多少名。

③减小后进生比例指标，低分段的学生要由多少人减少到多少人，等等。

④以上目标可以通过哪些工作达成？

这些目标看上去有些功利，但都有可操作性。学生也会从中意识到一种责任，看到奋斗的方向。教育理想，是通过很多切实的工作才能逐步实现的。随着这些目标的达成，班级会逐步取得进步，教育也在不断地获得阶段性的成功。

以下是我在新接班两周后制订的一个班主任工作计划。

【案例1-3 高一第一学期班主任工作计划】

根据本班基础和特点，为班级健康发展和学生进步，特制订本学期工作计划。

一、班级管理

制定并完善重要的班级管理制度：出勤、课前准备、课堂纪律、集体活动、值日、轻微违纪行为处理等。通过各种努力，本班在本学期内基本实现学生自我管理。

1. 经班主任推荐和学生民主选举组建第一届班委会。

2. 组建级工作小组，由相应的班委领导各小组完成班级工作。

3. 培训值周班委，保证班级课堂纪律、卫生、集体活动等工作的高质量。

4. 班级工作各司其职，人人有事做，事事有人做。

5. 完善班级管理流程，让学生明确在学校发生问题时该如何处理、向谁汇报。

6. 选拔优秀班委组建班级管理核心领导小组，并承担大部分班级日常管理工作。

二、学习成绩推进

培养优良学风，推进班级整体学习成绩提升，为个人学习成绩提高创造条件。

1. 组建班级学习小组（方案另附），培养学生自学、讨论、研究、合作的能力。

2. 拓展课代表工作范围，发挥课代表的教学助理作用（方案另附）。

3. 设计并完善作业管理流程。

4. 推荐各科成绩突出者组建班级学习委员会，建设学科难题攻关小组，发挥成绩优秀学生的优势，带动班级成绩进步（方案另附）。

5. 推荐上述学习委员会成员在班级开设微型讲座，介绍学习方法和学习经验。

6. 在班级广泛开展"一帮一""多帮一"活动，改善部分学生薄弱学科的学习状况，争取不让一个学生掉队。

7. 通过以上努力，力争实现以下目标：

（1）大型考试总均分进入年级前三名（目前是第四名）。

（2）10%的学生进入年级领先行列（前20名）。

（3）85%的学生进入年级中等以上水平（前250名）（目前比例为74%）。

（4）争取消灭低分（年级后100名）。

三、班级文化建设

1. 开展征集班徽活动，设计班级标志。

2. 征集班名和班级发展主题词。

3. 成立美化班级环境小组。

4. 形成有班级特色的海报文化。

5. 建设班级图书馆，设专人管理，抽出一定时间开展读书活动，培养学生的阅读习惯。

四、班级活动

1. 开展"感动班级人物"评选活动，在班级树立一批正面典型形象。

2. 开发"自塑教育"系列班会，培养学生的能力，提高情商，健全人格，全面提升综合素质。

3. 开发嘉宾访谈型系列班会，拟邀请一些大学生、留学生、教师、家长等到班级与学生展开交流。

4. 根据学校和班级的实际情况，开展一些有益于提升学生人文素质、文化素养的教育活动，如影视教育、名曲欣赏、美文赏析等。

五、其他教育工作

1. 坚持按照学号顺序与学生进行交流，一学期与学生谈心达到100人次以上（平均每个学生每学期交流2—3次）。

2. 利用业余时间对学生进行家访，争取本学期家访覆盖率达到75%。

3. 每周批阅周记，评选优秀周记。优秀周记由学生录入形成电子稿，以备适当的时候结集印刷。

4. 利用QQ、电话、短信等方式与家长沟通，每天不少于半小时。

5. 每周四下午作为家长接待日，接待家长来访，与家长建立常态联系。

6. 每个月利用班级家长QQ群召开网上家长会一次，交流探讨学生教育问题。

通过以上努力，争取把班级建设成为班风优良、学风健康、成绩优秀的先进班集体，并让全班每个学生都能体验到成功。

（三）班主任工作计划的落实与调整，结束后的反思与总结

有了具体计划，班主任就知道该如何有条不紊地开展班级工作，工作

心态也会比较从容。班主任工作计划指出了班级整个学期的努力方向，在具体落实中，还要分解到每一周，一件事一件事地去做，一个目标一个目标去达成。

有道是"计划不如变化"，班级发展过程中可能会出现各种状况和变数。计划只是提供了行动指南，是方向性的、纲领性的，班主任在具体操作上，要根据班级情况进行调整，以期更符合班级发展实际。

班级目标要脚踏实地，要尊重班级的基本状况，不能好高骛远。即便如此，一个学期努力下来，有些目标也许并不能完成，这也是很正常的。人的成长并不是线性发展的，不是说主观有多努力，就一定会有什么样的回报。对没有实现的目标，要分析原因，进行反思，把未完成的任务作为下一个学期的奋斗目标。开学初有计划有目标，学期结束有总结有反思，这样班主任工作才是完整的。

举一个实例。前文《高一第一学期班主任工作计划》（示例）中有关于班级学习成绩推进的目标，其中一项：学期结束时总分争取有 40 人进入年级前 250 名，当时班级总人数是 47 人，入校时该项指标为 35 人。目标并不浮夸。这项指标直接指向了班级里学习成绩较薄弱的一些学生，实现目标的希望就是来自这些学生的努力和大家的帮助。为此，我们开了多次会，做了数次一对一的谈话，让学生制订追赶目标和学习计划，在班级里也组建了互助对子，每个帮助对象都有"导师"，平时加强对这些学生的关注与辅导。结果在期末考试中，有 38 人进入了年级前 250 名。尽管未完成目标，但期初制订的计划在整个学期中成为班级一项重要的工作。如果没有计划，显然就不会有这些配套的行动。虽然最后没有完成目标，但是这样的计划和工作仍然是有意义、有价值的，班级也确实取得了进步。仔细分析原因，确实有不少于 5 人实现了进步目标，但却有另外 3 人从前面落了下来。这几个人并不是重点关注的对象，被忽视了。因为有人退步，才导致目标未能达成。找出了原因，就可以有针对性地做工作。这样的反思就很有意义。于是，这项未完成的任务被纳入下个学期的工作计划，并且调整了实施方法。

班级工作千头万绪，班级发展任重而道远。然千里之行，始于足下，班主任高效的工作，是从科学地制订工作计划开始的。

三、确定工作重点

班主任的精力是有限的，因此要学会集中力量打歼灭战。每周、每月有重点地开展工作，既可让学生提高重视程度，又可让自己轻装上阵，减轻管理难度。有了工作重点，就有了主心骨。班主任要有所为，有所不为，坚定不移地锁定目标，不受其他杂事干扰。

工作重点要根据班级具体情况而定，不可生搬硬套，也不能想当然。一般来说，班主任可以根据班级的实际情况预估几周的工作重点。所以，每周的工作重点并不是一开学全部都排好的，只要提前一两周确定即可。这样比较灵活，可以及时调整。周工作重点是班级一段时期里亟待解决的问题。班主任在周末向全班学生和家长说明下一周的工作重点，并强调完成工作的措施，提醒学生注意相关事项。

班级建设急不得，需要一步一步来，稳扎稳打。只要每周解决好一个问题，坚持下去，就会有很大的收获。当然，很多问题不是仅用一个星期就能解决的，需要常抓不懈。一个星期做好一件事，做好一件，巩固一件，再做下一件。什么都抓的结果往往是什么都抓不好。

班级的发展是螺旋式的，所以，每周的工作重点也是可以循环的。一些很重要的工作，可以采取两种做法巩固。一种是延长某项重点工作的时间，由一周延续到两周、三周；另一种是隔一段时间再抓一次。经过一段时间，有些问题出现反复的苗头，学生会有所懈怠，此时"回头看"的效果通常会很好。

班级事务千头万绪，班主任不能被琐事牵着鼻子走，要主动进攻，"每周工作重点"就是行动指南。围绕重点，每周扎扎实实地做好一件事，引领全班将自己发展班级的理念逐步实施，班级就一定会进步。

表 1–1 列出了我制定的一个学期前十周的工作重点。

表 1–1　每周工作重点表

周次	工作重点	主要措施	完成情况
1	值日生工作	排值日生表、培训值日生	
2	培训值周班委	确定职责、开会	
3	培训课代表	确定职责、开会	
4	午休管理	值周班委午间检查	
5	作业管理	明确交作业流程、告知家长	
6	课前准备工作	值周班委、课代表上岗执勤	
7	建立班级图书馆	图书分类、编号，制定借阅规则	
8	手机管理	相关规定的检查、落实	
9	迟到管理	相关规定的检查、落实	
10	诚信考试	班会动员、诚信考试承诺书签字	

四、分类整理、保存班级管理相关资料

很多老师做了多年班主任，却没有留下什么资料。有些资料只是对自己工作和学生成长的记录，没有留下固然可惜，还不至于产生不良后果；有些重要资料则关系班主任的重大权益甚至个人安全，是必须保存下来的。班主任必须养成分类保存资料的工作习惯，其作用有：

①可以随时调取班级和学生的各种信息作为教育、谈话、沟通的材料。

②可以为以后的工作提供参考。

③可以为自己的工作经历留记录。

④可以为应对可能出现的意外变故留下凭证。

班主任的资料从形式上可分为实物的和数码的，从内容上又可分为个人的和学生的、教育的和教学的，等等。文本、证书、讲稿、照片、纪念品等实物资料，要分类保存，一届学生毕业后将其集中在一处，妥善保管。数码资料要建立专门的文件夹，可以分成班级管理、学生活动、学生个人资料等几大类，也可以根据文件的属性分类，如 word 文档、电子表格、PPT、图片、视频等。一届学生带完后，所有数码资料归到一个文件夹里面，再进行细致的分类并做好备份，这样以后使用起来十分方便。

这样，一届学生带完，就能积累相当多的资料，在以后带班时，就能发挥很好的作用。善于分类收集、积累教育素材和资源的老师，本身就是有科学态度和科研素养的老师，进步会很快。

以下实例可以非常清楚地说明什么叫教育无小事，工作中任何环节的疏漏都可能带来难以弥补的损失。

【案例 1-4　当班主任遭遇学生意外伤害事故】

张老师的班上有一个很霸道的学生甲，经常辱骂、欺负同学，相对弱小的学生乙是他的主要欺侮对象。学生乙体格较弱，个性内向，很倔强，遇到事情要么闷在心里不说，要么就冲动地爆发。张老师很了解甲和乙的情况，经常找他们谈心，做他们的思想工作，但是效果不明显。乙为了不再受到甲的欺侮，或者为了在被甲欺侮的时候反抗，就在书包里藏了一把刀。此举被同学发现后报告了张老师。张老师立即请学生乙到办公室谈话，严肃批评了他的错误，指出其行为的危险性并且暂扣了那把刀，学生乙做了检讨并表示以后不会再犯。乙的危险举动引起了张老师的高度重视，不仅继续教育、开导他，而且还安排了和乙关系较好的同学帮助他并随时注意乙的行为动向，发现问题及时报告。

学生甲欺负同学的行为引起了全班同学的公愤，张老师也经常对其批评教育。甲的行为违反了校纪，受到了纪律处分。但是，因为甲是单亲家庭子女，家长基本不管也不配合学校的工作，所以处分后的效果也不好。虽然张老师一再警告甲不得欺负同学，一经发现就严厉批评，但甲依然我行我素，学生对他的投诉不断。

一段时间后，学生乙对甲欺侮自己的行为感到忍无可忍，再次将一把刀藏在书包里带到学校，这次没有被人发现。放学后，在校门口，甲再次用恶毒的语言辱骂乙，乙积压多时的怨愤爆发，掏出水果刀刺向甲的腹部。甲在被送医院之后因抢救无效死亡。

事件发生后，学生以及家长联名上书，陈述甲同学平时的恶行，要求从轻处理乙同学。因乙未成年且事出有因，最终被从轻处理。

那么，在这个严重的事故里，学校和班主任张老师应该承担怎样的责任呢？

在调查本案的过程中，张老师向警方和教育局出示了一个笔记本，上面详细记载了他的教育工作情况，其中有大量的篇幅是记录如何帮教甲、乙同学的，包括每一次谈话的时间、地点、内容并附有学生的签字，还有第一次发现乙带刀到学校后的处理详情，张老师如何发动同学帮助学生乙的情况，等等。每一步行动均记录得清清楚楚。所有证据表明，在这件事上张老师已经尽到了教育、帮助、开导的责任。乙最后一次藏匿水果刀没有被发现并且是在放学后出事的，有偶然性。最终法院判决张老师在这次事故中不承担责任。

生命已经逝去，是意外，是痛苦，而如果事故得不到妥善处理的话，无论对学校、对班主任还是对学生家庭来说，都将是痛苦的延伸和加重。在哀悼逝者的同时，我们也必须提醒班主任在工作中要有法律意识和自我保护意识。

引用这个案例倒不是说班主任在处理学生意外伤害事故中要学会逃避责任，而是希望班主任养成一种留存重要资料的习惯。这不仅是自我保护的需要，更是对自己、对工作、对学生负责的需要。很多班主任工作认真负责，也很细致，做了大量工作，但由于没有记录的习惯，很多珍贵的教育资料和素材遗失，不仅影响自身发展，而且一旦有意外，还会因为缺乏相关材料，造成对自己不利的局面。有心的班主任善于保存资料、收集整理教育案例。于是，做同样多的事情、工作同样长的时间，进步和发展却完全不同。

那么，有人要问：这位张老师是如何知道学生甲、乙早晚要出事而早早地做好详细记录的呢？如果和学生的每一次谈话都做记录，班主任也没有那么多时间和精力啊。我想，张老师的情况应该是这样的：一是他有记录的习惯，二是他对学生进行分类工作，对"重点学生"会格外注意观察。甲、乙两个学生因为情况比较特殊，所以也就进入班主任重点关注的范围，注意保存他们的资料也就在情理之中了。

五、分类处理班级事务

班主任要学会对各项工作进行分类，因为只有分类才能分流。进行科学的分类，是优秀班主任的重要习惯之一，也是一种高效率的工作方法。

下面介绍三种常见的分类方法。

（一）按"由谁做"分

面对一项工作，班主任首先想到的应该不是"我该怎么做"，而是"可以由谁来做"。这种转变是有战略意义的，是思维方式的变革。按这种思路，班级工作可以分成三类：

①班主任必须亲自做的。

②师生能合作的。

③完全可以放手让学生做的。

对这三类事务，班主任的处置方法如下。

对第①类事务，班主任要解放思想，反思自己的思维习惯和工作习惯，打破思维定式，大胆质疑。不要总想着自己或别人过去都是这么做的，就不对自己的工作产生怀疑。我们要常常问自己："这件事为什么一定要我做？能不能让学生试试？"很多传统上被认为是班主任必做的工作，如安排座位、安排劳动岗位等，其实都可以改革，要尽可能多地将事务放到第②③类中去。

对第②类事务，如果班主任很擅长，就可以多指导学生。学生经过培养、锻炼，能力会逐步提高，由不会到会，由不熟练到熟练，直至完全胜任。这时，第②类工作就可以放到第③类中去了。如果班主任不擅长，就要甘当绿叶，以学生为主。班主任可以利用自己的资源，帮助学生扫清障碍，辅助学生做好，在师生合作中密切关系、增加感情，以利于其他问题的处理。

对第③类事务，学生虽然已经可以独当一面了，但班主任也不能完全撒手不管。班主任应该做的事有：激励、提供帮助、检查记录、评价。

班主任要从做许多具体、细小的事情中解脱出来，变身为一个真正的管理者，而不是勤杂工。

（二）按必须处理的事务分

班主任必须处理的事务可以分成两类：①常规事务；②偶发事件。

第①类是班主任每天、每周或每月固定要做的。其中大部分是学校规定的工作，比如，对早读、跑操、眼保健操、午休的检查，组织班会，出黑板报，写评语，撰写各种计划、总结，等等。也有一些是班主任自己增加的，如家访、与学生谈话、批改周记、组织班级课外活动等。

第②类是随时可能发生，又必须马上处理的。如学生打架、师生冲突、家长来访、学校临时布置任务等。

班主任工作的特点之一就是琐碎、繁杂，随时都会有事，一天完整的时间被学校各种活动分割成一块一块的，支离破碎。此外，班主任还有教学任务等。

有了这种分类思想，班主任就能做出积极的应对。班主任必须对第①类事务早做规划，未雨绸缪。既然是固定要做的，那在操作上就尽可能做到程序化、规范化。当然，内容是可以创新的。这其中很大一部分可以交给学生去完成。例如，我所带班的班会课程化尝试，通过规划，将一个学期的班会课提前排好，提前通知准备，按时召开，不需要临时去想这节班会上什么。

班主任只有将第①类事务安排好，使它们不会对自己的精力和心态造成干扰，才会有时间和心思去应对随时出现的问题。做到这点，班主任也就不会那么焦虑了。

（三）按内容分

按内容，班级事务可以分成学习类、劳动类、体育类、宣传类、文娱类、生活类，等等。这些事务中有相当一部分可以交给班委会成员处理。本书后续章节将对此展开讨论。

六、从个案中找规律，用规律指导个案处理

一些班主任只会埋头做事，不去思考，特别是不善于发现、总结班级中出现的问题的规律性。这导致问题反复出现，今天花了很多精力处理了一个问题，明天又会冒出另一个问题，又要去处理。日复一日，班主任陷入低效、重复劳动的苦海，职业倦怠感不请自到。这样的班主任就不是"职业的"，因为他只会一件事一件事地做，而不是一类事一类事地去找解决问题的途径。看上去他也是天天在做事，其实大多是低效劳动。

班级中的很多问题其实是有类型的、有规律的，聪慧的班主任会仔细寻找这些规律。这样，解决了一个问题就为解决同类型其他问题提供了范本。日积月累，就会形成一整套班级常规工作解决方案。

处理班级事务应该采取"点线结合"的思路，对一类事件（"线"）按一定的规则处理，不同类型的问题用不同的规则对应。处理一类事件有一

定的程序，并保证每一个学生和家长都明确，在处理时才不会引起矛盾和纠纷。如果事情发生了，还没有相应的规则和处理程序，那就不要随意处置，也不要处理完就结束了，而要以此案例的处理为标杆，在得到大家认可的前提下，就此类事件补充制定规则，填补班级管理制度上的漏洞。这样班主任就不会整天像消防员那样到处灭火了。

对班级里出现的没有规律、不能归类的个案（"点"）要进行个别处理。这样的案例并不会很多，班级管理中出现的大部分问题都是比较常见的，比如迟到（分早晨迟到、课间迟到两类）、交作业（分迟交、不交、抄作业三类）、玩手机等。对这些问题，要形成相对固定的解决程序，分类处理，这样班主任的工作压力就会减小许多。

七、养成良好的工作习惯

在工作总量不可能减少的前提下，养成若干良好的工作习惯会帮助你更加高效地完成任务，节约时间。以下建议供参考。

为日常工作划定固定的时间，除非出现意外状况，不轻易更改。比如，上班后的第一件事是批改作业，时间大约一节课。那么，这节课时间就专注于改作业，其他什么事都不考虑。再如，每周划出一个下午的机动时间作为家长接待日，接待来访家长。

尽可能及时处理问题，不要拖沓。班级的问题想躲是躲不掉的，该完成的必须完成。拖沓懈怠，会让工作一点一点地积压下来，最后处理时会非常麻烦。其实，很多事情都是随手可以做的。比如，你可以一边开班主任例会，一边完成相关手册的填写；一边和学生、家长谈话，一边做记录；如果是学生可以完成的工作，拿到任务的第一时间就转交给班干部；等等。"化整为零"的工作方法让人不会感到工作量巨大，你也就不会为此背上沉重的心理负担。

在纸上简单列出一天要做的主要事情，一件一件地完成，每做完一件，就从清单中划掉一件。这样做会让你很有成就感。早晨思考五分钟，一天工作有效率。每天开始工作前，要先定定心，想好了再做。

八、经常和学生谈话

谈话是班主任做学生工作最主要也最常见的方式之一。师生交谈的重要性和作用可能远远超出你的想象。

走廊里、操场上、水池边，甚至在食堂里，经常可以看见一对师生在随意地攀谈着。无论男生女生，表情都很放松，像是在和老师拉家常，时而微笑，时而笑出声音，时而短暂地沉默。沐浴在阳光下、可以随意开玩笑的师生，成为校园中一道美丽的风景线。

我多年的习惯之一就是 —— 顺着学号不间断地和每一个学生聊天、谈心。很多教师都夸赞过我的这个习惯。这个习惯虽然很简单，却是我带班的一大法宝。

这个法宝的灵感来自"霍桑效应"。1924 年，美国国家研究委员会组织了以哈佛大学心理学家梅奥为首的研究小组，进驻西屋电气公司的霍桑工厂。梅奥制订了一个计划，在不到两年的时间内，研究人员与工厂中的两万名左右的职工进行了访谈，耐心听取工人对管理的意见和抱怨，让他们尽情宣泄情绪。结果发现这一行动使员工的工作效率得到极大提高。这就是著名的"霍桑效应"。霍桑效应揭示了一个重要的事实：每个人都有被关注的需求。"当我被关注时，我的表现将更加优异。"

霍桑效应在班级中同样存在。

师生对话，是最古老、最经典的教育方法之一。这一点，在古希腊的苏格拉底和中国古代的孔子等大师的教育活动中都得到了很好的证明。我个人接触到的大量案例也表明，坚持长期地、大面积地和学生谈话是极有效的教育方法之一。

教师和学生的谈话可以分成几种类型，有的是为了解决问题，有的是为了了解情况，有的是为了做思想工作，有的是为了批评教育。一般情况下，教师和学生的谈话都有比较明确的目的，而且多半是发现学生出了一些状况后才开始谈话的。换句话说，教师找学生，是"无事不登三宝殿"。如果学生不出问题，除非主动，一般鲜有和教师谈话的机会。学生不习惯于和教师交流，久而久之，也就不愿意把心里话对教师说。

聊天式的漫谈，看似没有直接目的，其实是班级管理重要的润滑剂，也是增进师生感情、改善师生关系、对学生进行心理疏导的极佳方式，还是教师了解学生动态的直接方式。当学生希望被关注、被重视的心理需求得到满足后，他们就会很好地释放出学习、工作的积极性。和学生谈心，哪怕只是拉拉家常、听学生诉诉苦，都是很好的心理疏导行为。

按照学号和学生谈话，是为了不让自己有遗漏。一般的做法中，班主任谈话对象的分布是不均衡的，特别是一些中等生，可能一个学期也没和老师说上几句话。有了学号的约束和提醒，就不会出现这种偏差。

学生会很快知道教师有这样的工作习惯，于是会有期待。他们知道，老师是不会忽视任何一个人的。在即将轮到自己和老师谈话时，学生会更加注意最近一段时期里自己的表现。同样，教师也可以有意利用这个习惯，在轮到某学生时，有意跳过去，找后面的学生谈话。这样，学生就会着急，他会反思自己是不是出了什么问题，会主动来找老师。

和学生谈心其实并不会占用教师过多的时间和精力。教师与学生谈话交流的基本原则是"短时多次"——每次谈话的时间并不需要很长，短的甚至三五分钟即可。这样一来，很多边角时间就可以利用起来。谈话的频率也可以适当高一些。一次一个小时的谈话，如果缩短为15分钟，则可以分成四次，分散在一段时间里进行。对学生而言，教师在持续地关注他；对教师而言，可以灵活选择合适的谈话时机，以取得最佳的教育效果。

和学生进行马拉松式的谈话，是非常低效的做法，既消耗教师和学生大量的时间，也消耗师生的情感。为什么有些教师会热衷于此呢？一个原因是教师的权威意识在作祟。当教师对学生进行批评教育或试图灌输道理时，如果学生并不接受，反而顶嘴，甚至有些叛逆的举动，教师就会感到自己的权威受到了挑战，所以，就非要说服学生不可。另一个原因是急功近利。教师想用一次谈话解决学生的所有问题，结果导致谈话面面俱到，从过去到现在再到未来，无所不谈。但这种做法显然不符合人的成长规律，人的想法怎么可能在一次交谈中就完全改变呢？学生明白道理是需要过程的，即使明白了道理，表现也还会有所反复，这本是教育中再正常不过的事。学生的转变不仅有教师的教育引导，还有学生的自我成长、自我感悟在起作用。不尊重规律，不选择合适的时机，就是蛮干。蛮干的后果，轻则事倍功半，重则越干越糟。

如果你是学生，面对老师长时间的狂轰滥炸，你会作何感想？谈话内容一多，必然有大量重复，一个道理反复讲上很多遍，肯定让人腻烦；谈话时间一长，必然翻出很多旧账，旧账、新账一起算，就会令学生恐惧。到最后，学生不是被老师的道理说服的，而是因为怕了老师这阵势，只好老师说什么就是什么，只要早点结束谈话就行。这样的谈话会有什么效果？

师生谈话的场合也是有讲究的，要根据谈话的性质选择合适的场所，可以是正式的，也可以是非正式的。比较宽松、随意的谈话环境有利于学生放下心理戒备，畅所欲言。

磨刀不误砍柴工，教师做的这些分外之事，看似无用功，其实是做了真正的教育。实践证明，这样的谈话对学生的激励作用非常大，对一些平时不太引人注目的中等生，效果尤其好。

九、设计活动程序和编制任务清单

组织班级活动是班主任的常规工作之一。这些活动有的是班级自己组织的，有的是学校统一布置的。在这些活动中，特别是在学校层面的大型活动中（如大扫除、运动会、社会实践、春游、秋游等），班主任是否会感到焦虑（担心学生的安全或纪律）？组织过程中是否手忙脚乱？指挥学生时是否喊破了嗓子却收效甚微？

不必担心，只要多动脑筋，事先规划，掌握必要的技术，你就一定可以运筹帷幄，指挥若定。这里重点介绍班主任在组织活动中必须掌握的两项技术：一是设计活动程序，二是编制任务清单。前者从时间和流程上做具体安排，到什么时候做什么事；后者则按照活动的内容确定相关的责任人，让什么人做什么事。

（一）设计活动程序

程序是指事情进行的先后次序。在活动前，班主任按照活动的时间顺序将主要步骤和注意事项依次设计好，每一步的负责人是谁，对学生一一交代清楚，必要时进行一定的演练，这样学生就能知道到什么时候做什么事了。

常规活动中有的程序可以反复使用，如换座位、大扫除、拍集体照等。因为不止一次使用，学生会很熟悉，班主任一声令下，大家就会有序地行动起来，这就提高了效率。

有的程序是为某一次活动特别编制的，班主任尤其要注意对负责人的培训。比如，组织春游活动，先分组，选定组长、总负责人（如班长），组长掌握组员的联系方式、总负责人掌握组长的联系方式。接下来，几点在什么位置集合站队、几点开始集体活动、几点开始自由活动、几点在什么位置集合点名、解散前要做什么事，一一安排好。有什么问题，班主任交代给总负责人，总负责人传达给组长，组长告知组员。检查人数、清点物品等工作也是如此操作。

活动程序也可以以流程图的方式呈现。

以下提供一个实例，来自我班组织的一次活动——集体生日会。方案中包含整个活动的流程，供参考。

【案例 1-5　班级集体生日会活动方案】

一、活动主题

1. 全班学生共度 17 岁生日

2. 总结班级一年来取得的进步，为下一学年再创辉煌励志

二、活动时间

7 月 1 日下午 5:00 — 6:00

三、活动地点

本班教室

四、参与人员

全体学生、班主任、部分科任教师

五、活动主持人

某某、某某

六、活动准备工作

1. 全体学生学唱班歌《和你一样》《真心英雄》

2. 分组（分组方式与春游时相同）

3. 每个小组做好简单的准备（各组长负责）

①自备小食品、饮料、杯子、纸巾等，7 月 1 日带到班上，费用由组员平摊

②每组准备一个节目或小游戏，如果要唱歌，事先准备好音乐

③蛋糕、蜡烛、小礼品（生活委员负责）

④音响、话筒（班主任负责）

⑤邀请部分老师参加活动（班长负责）

七、活动流程

4:30 — 5:00

布置教室（某某组、某某组、某某组负责）

5:00 活动开始

1. 班长致辞，宣布活动开始，主持人出场

2. 班主任致辞

3. 高一（1）班大事件回顾（制作、播放 PPT，宣传委员负责）

4. 唱班歌《和你一样》（全班学生）

5. 向过生日的学生赠送小礼品（班主任）

6. 全班唱生日歌，许愿，吹蜡烛

7. 小组团队游戏（主持人和各组组长负责）

8. 切蛋糕（7 月份过生日的学生和班主任）

9. 分享生日蛋糕，冷餐会开始，自由活动，互致祝福，拍照留念

10. 6:00，全班合唱《真心英雄》

11. 活动结束，收拾物品，打扫卫生（某某组、某某组、某某组负责）

（二）编制任务清单

有些活动涉及多项任务，应明确每项任务的责任人、要求和完成时间。为了让自己和学生很清晰地知道要做哪些事，避免遗忘，简单好用的方法就是编制任务清单，把所有事项列在一张表上。

组织一次大活动相当于打一场战役，班主任要仔细思考活动的各个环节，必要时可咨询领导、同事，与学生干部商议，然后在纸上一一列出任务、责任人、要求和完成时间。

程序和任务清单列好后，活动前找时间集中开会，具体布置，落实到人。任务清单不妨多打印几份，交给主要的学生负责人。如此安排，比班主任只凭口头布置效果要好得多。

表 1–2 是我班参加学校组织的"迎新年，献爱心"大型义卖活动时编制的任务清单。

表 1–2 "迎新年，献爱心"大型义卖活动任务清单

序号	任务	负责人	完成时间	备注
1	整理捐赠物品并统计	某某	12月31日中午	总负责人检查
2	购买义卖物品	某某	12月31日前	购物清单另列
3	搬运义卖物品	某某	12月31日下午1点前	总负责人指挥
4	布置义卖展台	某某	12月31日下午1点前	从教室里搬桌椅
5	制作宣传海报	某某	12月31日中午	费用报生活委员
6	固定摊位销售员	某某	12月31日下午3点	
7	固定摊位促销员	某某	12月31日下午3点	
8	流动推销员	某某	12月31日下午3点	
9	货物保管	某某	12月31日下午3点	结束后协助收拾
10	销售统计	某某	12月31日下午3点	
11	摄影、拍照	某某		活动全程，后期制作电子相册
12	收拾展台物品	某某	12月31日下午3点15分	结束后打扫卫生
13	机动服务	某某	12月31日下午3点15分	听从总负责人安排
14	总负责人	某某		活动全程，有问题时联系班主任

在组织活动、安排人手时，一定要注意留有余地，必须有机动人员，以防万一。具体的工作尽可以安排学生去做，班主任不能事必躬亲，因为人的精力是有限的。切记：不能乱，一乱就会出事。

编制活动程序和任务清单仅仅是组织活动的开始，班主任切不可以为任务已经布置到位就可以高枕无忧了。在活动全程中，班主任都必须时刻保持注意力集中，及时提醒、控制、协调，直至活动结束。程序和任务清单是活动组织井然有序、忙而不乱的基础。

十、工作中注意打时间差

班主任要学会把握关键的时间点。大家（当然包括学生）注意力都很集中时，往往不会出事。而在大家都放松的时候，管理就会出现真空状态，这时学生最容易出问题。班主任要提高警惕，填补管理真空。

如果学生上课班主任上班，学生下课班主任也下班，那么班主任就没有时间和学生相处、交流，也就无法观察学生在自由状态下的表现。但这并不是说班主任的工作时间要无限延长，天天加班加点，而是说班主任的工作时间应该和学生的作息时间有所交叉，注意力的重心要落在大家都不太在意的地方。学生在一起上课时，一般不会有太大问题，这时班主任可以适当放松，处理好自己的事情；学生自由活动时，班主任应该保持相当高的注意力。

总之，要学会打时间差，学生容易出事的时间点一般都在大家注意力放松的时候。关注点越是集中，越会在其他地方留下盲区。比如，学生集体做操时的教室和洗手间，午休前一段时间和放学后的时间，等等。

班主任要学会逆向思维。当大家都往某一处想的时候，班主任要想到它相反的方向，因为此时可能会有少数学生钻空子。我相信，班主任只要有这个意识，具体操作时就不成问题。

十一、多表扬少批评，多指导少指责

这是一个基本策略，却蕴含很高的教育智慧。班主任见到学生不好的行为，第一反应通常是批评。学生会有很多做得不好的地方，以至于"批评人"成为班主任的职业病。

事实上，一味批评或指责根本无益于学生改正错误。运用逆向思维，表扬好的，就等于批评差的。两个学生，做同样一件事，一个做得好，一个做得不好。批评那个做得不好的学生与表扬那个做得好的学生，哪一种效果会更好一些呢？在批评中成长的孩子，自卑、消极；在鼓励中成长的孩子，自信、阳光。

这不是说学生只能哄，不能批评，而是说批评不应该成为教育的第一方法。比如，课堂表现欠佳的学生，一节课里可能大部分时间都游离于课堂。对这样的学生，如果批评，你可能要花去大半节课的时间，因为他随时都可能出现问题。你要顾及教学进度和全班学生的情况，所以不可能一直批评他。这样的批评会有用吗？

如果反过来，当你发现一名上课时常走神的学生偶尔表现好时，就大力表扬或鼓励；看见他难得在思考问题就及时提问，鼓励他回答，你会发现对其偶然的好表现予以及时强化，会产生意想不到的效果。因为这可能是他以前很少得到的来自教师的认可，他会觉得自己并非一无是处。

同样的道理，学生做得不好，班主任如果只知道指责，将无益于学生进步。学生若是会了，自然做得好。如果他做得不好，一方面可能是因为态度问题，另一方面可能就是因为不会做。

对后者，指责有什么用呢？他还是不会做。正确的方法是指出他的问题，把如何做教给他，也可以自己或让做得好的学生做示范。实践证明，指导比指责有用得多。对学生的指导，越具体、越详细越好，泛泛说教或者指责毫无意义。

十二、善于用规则管理班级和教育学生

班级管理不是凭班主任简单的投入就能行的。不少班主任很敬业，对学生也很有耐心，教育效果却并不理想。这样的班主任往往仅仅靠说教，不善于利用制度管理班级。规则意识淡薄的学生会随意违纪，行为不受约束，毫无敬畏之心。面对学生大量轻微违纪束手无策的班主任应该学会运用规则，对学生的不良行为坚决说不。

【案例 1-6　说教无用】

　　有班主任问："陈老师，你好！现在我班里的学生吃零食现象盛行，基本上是人人都吃，主要是方便面、瓜子之类。我反复进行了劝阻，仍不见效果。请问如何分析、解决这个问题呢？"

【案例分析】

　　这是班主任在改变学生坏习惯方面束手无策的一个典型案例。问题出在哪里呢？原来，这位班主任只懂得"劝阻"，但劝阻未必对所有人都有用。班主任需要有一种比说教更有力的武器，这就是规则。建议这位老师制定规则，规定不得在教学区内吃零食，然后严格执行。需要注意的是，要将吃零食和解决学生饥饿的问题分开。学生肚子饿了要吃东西，和嘴馋吃零食是两类不同性质的问题，既要防止混淆问题让学生钻空子，也要解决学生的实际困难。所以，可以规定食物的品种和吃东西的时间段以及地点，而不要一刀切。只简单地说一句"不准在教室里吃东西"，这样的规则往往并不能被执行，因为吃了会怎样、有什么后果、谁来认定和执行，都没有明确说明。用规则来管理班级并不是一件简单的事。

　　制度严明的班级，班风健康，正义的气场强大，学生的违纪行为会得到遏制。与行为规范相配套的，是一系列奖惩方案，它们能让学生明确在集体中能做什么、不能做什么，什么样的行为可以得到鼓励、什么样的行为将受到谴责。

　　在班级管理上建章立制是每一个班主任必须做的工作，但制度的制定和执行并不是简单、随意的。一些班级虽然有规则，但并无执行力，规则形同虚设；一些班级的制度则根本没有可操作性；还有一些班级的制度完全把学生推向了班主任的对立面，令学生反感……这些现象大量存在，扭曲了"制度育人"的理念，造成了学生和学校之间种种不和谐现象，也让学生的校园生活不愉快。因此，本书将"班级制度"问题单列，在第四课对这个问题做进一步讨论。

十三、运用评价调动学生的积极性

制度虽然有一定的强制性，可以规定学生能干什么、不能干什么，但主动要求和被动服从地做事，其效果会有很大差别。如何调动学生的积极性，让学生心甘情愿地为集体做贡献、尽义务？在种种策略中，"评价"可能是最有效的。

人是社会人，每个人都在乎评价。评价就是指挥棒，挥向哪里，学生就奔向哪里。单一的评价机制只能让班级里一小部分学生受益，而多元的评价机制则可以让班级中的各种学生都得到发展。评价的触角必须延伸到班级每一个层面的学生。对学生的评价机制，要随着班级的发展逐渐完善，直至形成相互关联、互为补充的体系。这个体系涉及班级生活和学生发展的各个方面。评价体系建立起来后不是一成不变的，要根据学生和班级当下的情况及时修改、调整、更新。

所以，建立较为全面的班级评价体系也是班主任工作的基本方法之一。

第二课

构建合理的班级
组织结构

手上有一个班，你该如何打理它？

与一个班级直接相关的，是几十个学生、一批学生家长、一个科任教师团队、若干主管的领导，这就是班主任工作必须面对的基本人群。一句话，班主任是与人打交道、做人的工作的。所以，班级管理最重要的不是奖惩、制度、规矩，而是处理各种人际关系和用好各种人。真正优秀的班主任是用人的高手。用好人、教育好人，就是班主任最重要的工作。

班主任应该明确以下事实。

第一，就算你很能干而且精力充沛，你的能力也是有限的，你一个人不可能把所有事情都做了。

第二，即使你那样做了，你也不是一个好班主任。因为你让你的学生无所事事，学生没有实践的机会，他们的主动性得不到激发，能力得不到发展。

第三，一个班级有几十个人，他们不是你的对手，你应该把他们都变成你的助手——把工作和任务分配给他们，手把手地教他们怎么做，让他们忙起来，既为你减负，又提升他们的能力。所以，你不应该是一个人在战斗。

第四，学生的个人能力和主动性是不一样的。所以，你的助手也是分层次的。有的可以委以重任，有的只能打打下手，你需要仔细甄别。事实上，在一个班级里，只要有一小批学生做领头羊就足够了，你要允许有人不够主动。有红花就必然有绿叶，在社会的各个方面，莫不是如此。要把合适的人安排到适合的岗位上去。

第五，班主任都知道人才的重要性，也都知道要会用人。但是，我们往往忽视了一件重要的工作——培养人才。学生的能力不可能都如你所愿，你也不要指望给你一个班级，就会有一支现成的强有力的班干部队伍。事实上，大多数班主任的得力助手都是需要悉心培养的。

所以，发现人才、培养人才，是班主任的两大任务。搞好师生关系、用一定的方法调动学生的积极性、把合适的人放在适合的位置、人尽其才，这四点做到了，班级就不可能不优秀，学生就不可能不进步。

一、班级管理的两大关键词

打理好一个班级，需要注意的地方很多，下面两个关键词可谓"重中之重"。

（一）不养闲人

如图 2–1 所示，合理的班级管理结构应该是一个金字塔形，班主任是组织者和管理者，居于管理金字塔的顶端，中间是学生干部，基层是普通学生。实际上班级里做事最多的却是班主任，少数事情由班级骨干（以班委为代表）完成，本来应该成为班级管理金字塔底部最为厚实的部分 —— 班级大部分成员却长期处于不怎么做事的状态。这样就形成了一个倒金字塔形，如图 2–2 所示。

图 2–1　班级管理层次　　图 2–2　班级成员做事倒金字塔

班级里"游手好闲"的人多了，不仅不利于班级秩序稳定，更会让很多人游离于集体，形成"事不关己，高高挂起"的氛围。

要改变这种状况，靠简单的说教是不行的。班主任要敢于放手，把班级工作合理地分配下去。要让学生都动起来，而且是有序地动起来。如果学生的个人利益与集体利益紧密相连，就能提高学生的责任心和主人翁意识。

班级里没有闲人，大家各司其职，既能减轻班主任的负担，又能把更多的锻炼和发展机会留给学生。

（二）不留盲区

班主任工作的特点之一就是方方面面都要顾及，班级管理不能留盲区，出现"三不管"现象。如果有些区域或工作没有对应的责任人，说轻一点儿会留下管理的死角，说重一点儿甚至会有安全隐患。

班主任要利用和学生课间交流或者到班级里上课、巡视等机会，注意观察，看看各个地方是否都管理到位了。要留意班级的边边角角，备品、工具、设备等，每一样东西都要有专人负责打理，发现空白要及时填补，班级里新添了什么设备或物品，也要及时落实负责人。

班主任要根据不养闲人、不留盲区这两条指导原则，具体落实班级工作的分配。

二、班级工作岗位设置的三大原则

班主任可以按照以下三个原则安排班级工作。

（一）按人设岗

按人设岗，就是班级有多少人就设多少个岗位，典型的例子就是值日生工作。根据班级人数排值日生岗位，这样就设立了每个人在班级里应尽义务的底线。

班主任要全面考察班级需要保洁的内容，地面、门窗、黑板、讲台、包干区，甚至细化到有几扇窗户、几组地面、多少公用区域，把整个班级的卫生工作分解成一小块一小块，分别承包给具体的学生。因为每个班级的人数不同，所以，岗位数应随人数的变化而变化。人数多了，就继续把岗位细分；人数少了，就进行岗位合并。要通过调整岗位数和人数的关系，确保一人一岗。

每个人按规定只做自己的工作，擦窗户的只擦窗户，扫地的只管扫地，但是班级鼓励同学之间互相帮助。每个人自己的课桌、抽屉、座位周边是各人的承包区，必须自己负责承包区的卫生。

按人设岗可以确保每个人都有事可做，使班级里没有闲人。

（二）按需设岗

根据班级工作的实际需要设置岗位。有需求，才设置，不必强求，更不要没事找事做。需求是会变化的，每个班级的设施、设备也是不同的，不能盲目照搬别人的安排。

按照"不留盲区"的管理原则，班级里任何物品都要有专人管理，这样就会出现一大批岗位，需要落实承包人。

安排岗位不仅仅是为了把班级工作分解，便于管理，更重要的是通过分工让学生有更多的锻炼机会。所以，可以想办法多设一些岗位，以增加学生的"就业机会"，让集体生活更加有趣。在分配工作时，要尽量平衡好，使大家承担的工作量都差不多。

（三）因人设岗

因人设岗是指根据学生的兴趣、爱好、特长，为他们量身定制岗位。这样的岗位可以充分调动学生的积极性，也可以为班级文化添彩。因为每个班级成员的兴趣、特长是不一样的，所以，这样的岗位也是视情况而定的。班主任不必先入为主，以自己的设想打造班级特色，而是可以按照"学生能做什么就安排什么"的原则操作。如果有学生特别喜欢或擅长某一样东西，班主任不妨动动脑筋，看看能利用他的特长为班级做点什么。

有一年班里转来一个学生，学习成绩很不理想，但我发现她有一个爱好——喜欢研究电影。因为是中途转班，班里其他学生的工作都已落实，班级并无多余的岗位。于是，我特意成立了一个班级电影俱乐部，请她担任负责人，专门为同学推荐好的电影，并对推荐的电影做介绍。这使她的业余爱好变成了真正的特长，使她在班级里拥有了独特的地位。但她一直不知道这个岗位其实是专门为她设置的。

因人设岗，相当于因材施教。为学生量身定制工作机会，尊重了人的个性，完全符合教育规律。

在实际操作中，按需设岗和因人设岗经常是有交集的，一方面班级有需要，岗位虚席以待；另一方面有人会做，有人愿意做。

三、安排岗位责任人的方法

班级工作分成两类。一类可称为"规定动作"，也就是每个人必须完成的任务，比如做值日、个人责任区的保洁等。这是一个学生在班级里基本的义务，完成这些任务不能有任何含糊，不能完成必须接受一定的处罚。另一类可称为"自选动作"，这类工作的安排尽量不要强迫，最好由学生根据自己的能力、兴趣自由选择。既然是自由选择，必然会造成"能者多劳"的局面。不过，班主任不必过于担心，完全可以做合理的调整，同时用一些方法保护"能者"的积极性。

班主任对学生的教育是：每个人都必须为班级尽义务，没有人可以逃避责任，但具体做什么，学生有一定的选择权。

班主任可以用以下方法将班级工作合理地安排下去。

（一）问卷调查

接新班之初，班主任可以向全班学生下发调查问卷，对学生曾经做过什么、擅长做什么、喜欢做什么等情况进行调查，以做到知己知彼。在安排工作时，要优先考虑学生的特长和兴趣。

【案例2-1　班级工作意向调查问卷】

（注意：以下问卷为实名调查，请你务必如实作答。你提供的信息将直接关系到你在班级里的工作安排。谢谢！）

姓名

1. 你有什么特长？

2. 你对为班级做什么事感兴趣？

3. 你在过去的班级里做过什么工作？

4. 你在原学校原班级担任过什么职务？

5. 在新班级里你愿意为集体做什么？

用问卷调查的方式了解学生的需要、诉求，班主任在安排学生的岗位时就不会无的放矢，"乱点鸳鸯谱"了。如果学生的特长或兴趣点暂时没有对应的岗位，班主任可以留意以后的工作安排或者考虑"因人设岗"。

（二）岗位招标

长期以来，班主任习惯于布置任务，学生习惯于接受任务。一个主动，一个被动，做事的效果差别很大。如何将这种关系逆转过来，变"要我做"为"我要做"？运用智慧的方法，通过工作岗位的安排，不仅可以解决"事事有人做"的问题，更能调动学生的积极性，争取"人人抢事做"，这样就能实现双赢。

"班级工作招标制"提供了一种解决方案。通过招标，把班级工作分包下去，基本上可以达到"人人抢事做"的效果。班级工作招标制是指班主任以任务岗位向全班学生发出邀约（招标），学生根据自己的实际情况主动领取任务（应标）。

要想让学生积极参与招标，就必须注意以下几点：①制定好招标规则；②尽量把岗位标书做得吸引人；③营造热烈的招标现场气氛。

让我们先感受一下招标会的现场氛围。

【案例 2-2　班级工作招标会】

一、招标规则

1. 每人竞标次数不限，但最多只能中标两次。请用好你的竞标权利。

2. 每次竞标请举牌示意。

3. 中标者必须认真完成任务，不得转让，不得反悔，否则将被取消以后参与竞标的权利。

4. 如果某一项目无人竞标，出现流标，则经过调整后在下一场招标会上继续招标。

二、标书展现与招标

（一）班级板报、海报主创小组

任务：1. 负责班级黑板报的创作、更新。2. 设计班级活动的海报

需要人数：至少 6 人

条件：美术、书法有特长者优先

奖励：50个悬赏分

（二）班级收发员

任务：负责每天为班级和同学拿报纸、信件等

需要人数：1人

奖励：20个悬赏分

（三）图书管理员

任务：管理图书、清理书柜、登记借入借出名单

需要人数：1人

条件：细心、认真、负责

奖励：20个悬赏分 + 座位选择权

（四）植物养护员

任务：养护班级的植物

需要人数：1人

条件：有经验者优先

奖励：15个悬赏分

（五）班级物品维修员

任务：负责班级桌椅等财产的维修、保养

需要人数：1—2人

条件：自备工具，有经验者优先

奖励：20个悬赏分

（六）班级电子档案管理员

任务：负责录入、管理、更新学生电子档案

需要人数：1人

条件：电脑操作熟练者优先

奖励：20个悬赏分 + 座位选择权

　　我们的规则是先到先得。招标时，我将标书在大屏幕上一一呈现，每

个人有一定时间考虑是否有能力接受这个任务。看清楚规则和要求后,我说"开始",底下学生开始举牌竞标。稍微迟疑,任务就会被人抢走。所以,大家个个争先恐后!此情景不像是在安排班级工作,倒像是竞争激烈的拍卖会现场。有人总结了前几次失败的教训后,根据自己的能力,果断举牌,得到了任务,欢天喜地。没得到任务的学生懊悔不已,在周记中明确表态,下次一定要果断,争取任务不旁落他人。

招标会的现场情形,大抵如此。有时候岗位较少,班主任做个口头招标即可。如此有趣的班级活动,学生怎么会不乐意参与呢?比起传统的安排工作模式,班级工作招标制有几大优势。

第一,形式新颖,学生感兴趣。做了多年的事,有时候如果在形式上有所突破,以一种新面孔出现,多半会吸引眼球。所以,班主任要勤于思考,努力创新。一种方法用多了,效果再好,也不会持久。这时就要再创新,否则学生依然会出现审美疲劳。所以,即使这种招标会,也要注意每次都要有所变化。

第二,招标营造了一种氛围。"举牌投标"的规则制造了"一人举牌,为他人做榜样"的效应,其他人也就不甘落后,出现了一种争先恐后、先到先得的局面,把过去的老师布置任务,变成了学生抢任务。

第三,班主任对学生的兴趣、特长和动机不可能完全了解,这往往导致在分配任务时主观、随意,凭印象决定,不符合学生的实际情况。招标会提供了菜单式的自选项目,学生可以各取所需,既可以很好地发挥学生的特长,也尊重了学生的个性和选择的自由。

第四,每一项任务都设有限制条件和奖赏。限制条件明确了要求,提高了门槛,更能造成"奇货可居"的氛围,刺激了学生的积极性。这是一种微妙的心理效应,越是有难度,越是有限制,学生参与就越积极。

任务是资源不是负担。限制条件其实是一种不留痕迹的肯定,得到任务的学生都感觉非常光荣,因为他将成为班级这块事务的专家。

奖赏也能提高学生的积极性,但这是次要的、辅助性的,不能因此养成学生冲着奖赏领任务的心理。

招标制是班主任逆向思维的成果，它变被动为主动，把一个个烫手山芋变成了香饽饽。

（三）班主任考察任命

不要指望用学生自由选择的方式就能解决所有问题。学生自选岗位，有利有弊。优点是尊重了学生的权利，能更好地发挥学生的兴趣和特长；缺点是操作比较烦琐。另外，学生的自我感觉不一定可靠，即使是自选的岗位，也未必能做好。一旦不称职的人承包了某个岗位，不好好做的话，就会很麻烦。换人吧，会打击学生的积极性；不换吧，工作受影响，着实尴尬。

我们都知道这样一个事实：一个人能不能做好工作，不仅和兴趣有关，还和他的综合素养有关。优秀的人之所以能做得出色，是因为他骨子里有不服输、追求完美的性格；悟性好的人即使以前没有相关工作经验，对一些工作也能很快上手；态度认真的人，即使不擅长某项工作，也能勤勤恳恳地去做。而懒散的人，即使学过、做过某件事，或者对某项工作有兴趣，也未必能做得好。

所以，岗位不能完全靠学生自选，关键时刻，班主任的指定还是必不可少的。特别是一些重要的岗位，一旦人选不对，后患无穷。

在这个问题上，班主任的眼光尤为重要，要仔细观察，而且观察要持续一段时间，发现对班级管理有用的人才，把他们放到重要的岗位上去（不一定要他自我申报，可以通过谈话直接确定）。在班级刚刚运转的时候，很多工作安排都是临时的（这点一定要和学生说清楚），经过一段时间后才逐步稳定下来。在此期间，该调整的一定要调整，而且动作要迅速，不能拖，越拖问题越多。

（四）第三人推荐

学生或其他老师的推荐意见不可忽视。当局者迷，旁观者清，班主任一个人的观察力是有限的，听听学生的意见就能知道哪些学生有威信，哪些学生有能力。有的学生在班主任面前不一定毫无保留，就个人的经验来看，一些学生在做调查问卷时，也是有所保留的，因为他可能会有各种顾虑。同学往往知道得更多一点，他们反映的情况要引起班主任的重视。家长的意见也可以参考。

四、把工作具体落实到人

班级管理有一条重要原则，就是所有工作和任务必须落实到具体的人。现在大部分学生的特点是，你只要有一点没布置到，他就可能做不好。班主任当然应该通过教育激发学生的主动性（主人翁意识），让他们主动地去思考、去做事。但是，你不能指望学生都很主动，会自觉地填补管理上的盲区。所以，班主任的工作还是需要细致一点，布置任务不能笼统，一定要具体，什么人负责什么事，要明明白白。

下面以出黑板报为例，说明精细化管理是如何实现的。

【案例 2-3　一个学期的黑板报工作 15 分钟安排好】

班级定期出黑板报是一项常规工作。班主任一般会采用两种方式组织，第一种是固定人选，由他们专门承包这项工作；第二种是分小组轮流出板报。两种方式各有利弊。前者的优点是好组织，工作专门化，板报的质量高；缺点是这些专职人员的负担较重，其他学生没有机会参与。后者的优点是能充分发动学生广泛参与，同时可以引入竞争机制；缺点是管理困难，也难以保证板报的质量。我比较倾向于第一种方式，因为我觉得不是所有人都对这项工作感兴趣，也不是谁都能做这件事的，一味地搞平均，力求让学生全面发展，既不现实，也无必要。不强求学生，让合适的人做适合他的事，一直是我工作的主导思想。

不管用哪种方式运作，以下工作安排都是很有用的。

首先，安排好一个学期出板报的学生。比如，学校规定每学期要出6期板报，在开学初，采用第一种方式的班级可以召开板报小组会议，班主任参与，制订本学期的黑板报出刊工作计划，详见下面的"黑板报主创人员安排表"。

黑板报主创人员安排表

姓名	第一期	第二期	第三期	第四期	第五期	第六期
甲	√		√	√		√
乙	√		√		√	√
丙		√		√		
丁	√		√			
戊	√	√		√		
己		√	√			√
庚		√		√	√	√
辛(组长)	√	√	√	√	√	√
出刊时间	月 日	月 日	月 日	月 日	月 日	月 日

采用第二种方式运作的班级也可以参考上表，先把每一期负责出刊的小组安排好，再把每期具体负责出刊的学生定下来。这样，就做到了提前规划，每期出刊之前，只要负责的班委通知一下这一期的负责人即可，不需要临时抓差，自然也就不会手忙脚乱。

工作虽然安排下去了，但出黑板报的速度和质量还需要有保障。我经常看到有些班级出板报的速度很慢，几天下来还是一个半成品挂在上面，很不雅观，板报的质量也不高。

造成这种现象的主要原因还是管理不力。大凡这类需要小组合作的事情，要想高效完成，必须具备两个基本要素。

第一，团队要有主心骨，有说了算的人，其他成员都要服从领头的。像出板报这种小事也不例外，每期必须有一个总负责人，由他负责整个版面的设计，不能一个人一个主意。即使其他成员对总负责人有意见，也要服从。板报小组成员可以轮流担任主创，你觉得自己做得比别人好，可以在你做主创时好好发挥。黑板报出好后，班主任拍照留下资料，期末可以做评比，选出本学期最佳板报予以奖励。如果有学校的评比，那就更有说服力了。

第二，板报小组成员各有所长，有人写字好，有人画画好，有人是多面手。要做具体的分工，详见下面的"板报小组成员分工表"。每个人首先完成自己分内的工作，完成后可以支援其他同学。这样安排可以保证出板报的速度。

板报小组成员分工表

姓名	总负责人	版面设计	素材搜集	文字誊写	绘图	后勤保障
甲		√			√	
乙		√				
丙		√			√	
丁		√		√		
戊			√	√	√	
己			√	√		
庚			√		√	
辛	√					√

把工作安排下去只是第一步，后面的工作还有：培训学生，让他们知道怎么做；检查督促，了解布置的工作做得好不好；组织相关评价，包括奖励、处罚机制；等等。

五、调动、保护学生的积极性

无论采用什么方式，或自愿，或推荐，或指定，班级岗位承包人落实了，基本上就完成了班级工作的第一步。接下来还有两件事要做：第一，保护、维持学生的工作积极性；第二，提升学生的责任心和工作能力。

这两件事做好了，工作才能看到实实在在的成果，否则就只是纸上谈兵。

学生的积极性不是靠说教，而是靠方法调动和保持的。

（一）鼓励先进

大力表扬做得好的学生，是简单有效的方法。人都有被肯定的需求，老师的表扬会让学生感觉到自己的价值。我的班级日志里曾记录了这么一件小事。

【案例2-4　出人意料的表扬】

我每天都要表扬几位"感动班级"的学生和他们做的好事，在班级里树正面典型形象。班级每天都会发生很多事，只要留意观察，做有心人，就一定会发现学生的闪光点。表扬，就是强化，就是在树立学生身边的好榜样，就是在班级里输出正确的价值观。

新学期报到那天，我在教室后面放了一个纸篓，套了一个垃圾袋，但套得不是很牢。学生一来，擦桌子、椅子，清理课桌抽屉，产生了一些废纸，于是都往纸篓里扔。数量多了，垃圾袋吃不住重，陷了下去，边缘掉到纸篓里面去了。这样一来，再往里面扔纸团，就会落在垃圾袋外面。很多学生都没有在意，继续往纸篓里扔纸。很快，纸篓就要满了，其中有一半是在垃圾袋外面的，却没人管。

课间休息时，慕蓉同学走到后面扔纸团，发现了这个问题，就蹲下来，用手一点一点地把垃圾袋外面的东西放回去，直到全部收拾好，又把垃圾袋套好才离开。这个举动全班同学没有人注意到。这就是身边极好的教育资源。我发现了这一幕，当着全班同学的面大大表扬了她。我说，我希望全班同学都有这种良好的素质，而且我也相信，我们班的同学具备这样的素质，慕蓉就是一个很好的代表。她成为今天"感动班级"的第一人。

晚上，我在家长 QQ 群里，又一次对慕蓉的行为予以高度评价和大力表扬，让家长也都感受到这样的氛围。"感动班级"记录本上每天都有这样的记录，这些事迹引导着班风向健康的方向发展。

我们要明白的一个简单道理就是 —— 表扬好的，不仅被表扬者高兴，其实也是在变相提醒那些不好的。一个意思，不同的表达方式，能收到不同的效果。这样的好人好事，在班级生活的每一天都有。班主任如果用心观察，并利用好这种教育资源，就可以让所有学生很直接地体会到来自身边的感动。做好事的学生也会因此而保持积极性。

班主任不仅自己表扬，还可以发动全班同学互相表扬，在此基础上形成一些表彰制度，融入班级文化。

（二）适度奖赏

班主任不仅要倡导学生"乐于奉献"，更要注重学生"付出 — 回报"的相对平衡。这是一种较为公平的处理方式。班级管理要体现"多劳多得""付出有回报""不让老实人吃亏"的理念。

虽然"多劳多得"中的这个"得"更多的是指精神层面的鼓励（比如上文中提到的表扬即是一种"得"），但对学生的积极行为予以一定的奖赏也是十分必要的。

比如，在"班级工作招标会"案例中，对中标并且完成任务的学生的奖励，我们用得最多的是"悬赏分"。

悬赏分有什么用呢？

首先，班级每个学生都有一份电子档案，里面全面记录该学生在学习、常规和参与活动三方面的信息。电子档案采用 Excel 表格形式，有专人负责录入、更新、管理。学生获得的所有悬赏分都要录入他的电子档案，在"参与活动"一项中体现。参与活动情况在学生综合表现评价中占 30% 的权重，直接影响各种荣誉评比结果。所以，悬赏分通过评价这个杠杆间接起作用。

其次，以自己的努力赢得悬赏分，也就是在自己的"形象银行"中储蓄，给自己在班级中的地位"加分"，它的收益是长远的。悬赏分可以累加，积累到一定分值将能兑换某个实际的奖赏，比如一本书或者是在某些活动中的优先权。

需要指出的是，心理学上有一个"德西效应"，说的是人们在外加报酬和内感报酬兼得的时候，不但不会增强工作动机，反而会降低工作动机。此时，动机强度会变成两者之差。这表明，进行一项愉快的活动（即内感报酬），如果同时还提供外部的物质奖励（外加报酬），反而会减少这项活动对参与者的吸引力。

所以，要让工作本身有趣味，完成任务本身就是最大的奖赏。这就是我们要优先考虑学生自己的选择意愿的原因。让学生做自己选择、自己喜欢的事，是一种肯定、信任，本身就是对学生的奖赏。至于额外的奖励，那是锦上添花，不应成为学生做事的初始追求。

（三）尊重学生选择的权利

尊重，是很好的激励。如果学生在工作安排上自己没有话语权，只能无条件地被动接受，那么其积极性就可想而知。无论是通过问卷调查的方式还是招标制安排工作，还是"因人设岗"原则，都体现了对学生选择权的尊重。但是，这些举措依然不能完全调动学生的积极性。比如，班级工作招标制，每项任务都设有一定条件，那些没有特殊才艺（比如会写、会画、会唱、会跳）、能力平平的学生，拿到这些项目就有一定困难。怎么解决这个问题呢?

首先,我们来看一下学生有多少种方式可以获得悬赏分。我们班设计了以下三种途径。

第一种,在班级工作招标活动中拿到任务并完成。

第二种,参加全班性的集体活动。

我们会根据需要组织一定的面向全班学生的活动并设置一定的悬赏分。这些活动没有多大难度,只要参与就能拿分。比如,班徽设计方案征集,不论制作得好坏,只要交稿,就能拿分,然后在此基础上再评出一、二、三等奖。再比如,为班集体建设提建议,只要建议合理并被采纳,也能拿分。这种不设门槛的做法不仅提高了学生的参与热情,也鼓励了学生关心集体事务的行为。

第三种,制定"悬赏分认定方案",提供菜单式的任务表,供学生自由选择。

学生参与活动、为集体作贡献,都能得到认可,但又不是随心所欲、想怎么做就怎么做的。班级会公布一些悬赏分的项目和标准,只有做了方案中的项目并得到相关责任人的认定后才能拿到相应的分。根据班级的发展情况,认定项目会不断地补充更新。

悬赏分认定方案是另一种形式的招标,不过内容更加宽泛,学生可以根据自己的实际情况和兴趣、能力决定做什么、做多少(见表2–1)。

表2–1　参与活动悬赏分认定方案

序号	项目	分值	单位	认定方法或认定人
1	为班级图书馆捐赠图书	2	1本	图书管理员
2	对班级工作提出建议(被采纳)	3	1条	班主任
3	为班级捐赠植物	5	1株	植物养护员
4	被评为"最佳周记"	3	1篇	班主任
5	公益劳动	3 — 8	1次	班主任、劳动委员

序号	项目	分值	单位	认定方法或认定人
6	学校或班级组织的各种征集活动	不定	1 次	班主任、团支部书记
7	学校或班级组织的各项集体活动	不定	1 次	班主任、团支部书记
8	为班级报纸投稿（被录用）	5	1 篇	报纸主编
9	各级竞赛获奖	10—50	1 项	获奖证书
10	获得荣誉	5—50	1 项	荣誉证书
11	好人好事	不定	1 件	执勤班委

从中可以看出悬赏分认定方案有以下几个特点。

①内容丰富多彩，选择面宽，学生可以根据自己的情况做出适合自己的选择。

②一些活动并不一定需要有很强的能力，而是只要参与就有分。比如，参加公益劳动、为班级图书馆捐赠图书，等等。

③充分发挥学生各方面的才能。比如，写作水平高的学生可以选择为班级报纸投稿、体育好的学生参加运动会获得名次等，都可认定。

学生可以在方案中自由选择任务。只要愿意上进、积极表现，总有机会。在班里只有一种人拿不到什么分数，那就是什么都不愿意做的人（这也是一种选择）。这种人虽然很少，但还是存在的。因为这些项目都是"自选动作"，所以，除了必要的提醒、督促外，对这种人并不强加干涉或者批评、惩罚。

使用"玫瑰卡"做记录。

开学之初，每个学生都会拿到一张空白的彩色卡纸，这张卡纸是专门用于记录自己获得的悬赏分的，叫"玫瑰卡"，取"授人玫瑰，手有余香"之意。

玫瑰卡的记录栏目是固定的，包括时间、内容、分值等。内容由学生自己填写，每拿到一次悬赏分，就在卡上记录一笔。卡上记录的项目和分值与自己的电子档案中的记录是一致的。每个学生从开学初开始在一张卡纸上书写，记录自己的"业绩"——为集体做了哪些好事和贡献，拿到了多少个悬赏分……

班级每半学期公布一次学生的活动分值，以起到提醒、促进的作用，方便大家掌握情况、明确行动方向和力度。同时，学生也可以根据玫瑰卡上的记录情况核对公示的分数，提出意见或修正。

引入玫瑰卡的用意是将虚拟的悬赏分变得可视化。记录自己的成功和成绩，并激励自己不断进步。看着玫瑰卡上的记录日渐增多，成就感也就油然而生。学期末，学生要将自己的玫瑰卡上交，教师核对无误后发还。一个学期下来，有的学生正反两面记录得满满的，收获颇丰；有的学生只有寥寥数行，显得很单薄，这一切都是对自己走过的路的真实记录。

班级管理要多做加法，少做减法，要"鼓励先进"而不是"打击落后"。应该允许一些学生在认真履行自己的职责、尽到自己应尽的义务后，自主选择是否为集体多做贡献。做了，就有认可，但即使一点都不多做，也不会受到打击。

以先进促后进，以主动带被动。一个班级就是一个小社会，什么样的人都有。教育并不是要改造什么人，而是一种影响和熏陶，应当允许各种角色存在，在尊重每个学生基本权益的前提下，让更多的人得到充分的、和谐的发展。

六、设计合理的班级组织结构

班级工作已经安排下去了，接下来的问题是：这些岗位责任人是各自为战呢，还是有一定的组织？他们的工作是都由班主任管理，还是设置一定的管理层次？这涉及班级的组织结构问题。

各司其职的设想固然非常好，但岗位安排得越细致，管理的要求就越高，工作量也就越大。如果班主任不会"弹钢琴工作法"，做事无主次，管理无层次，自然就会手忙脚乱，疲惫不堪。管理不到位导致的直接结果就是虽然实行了岗位承包，但承包人的工作却监督缺位，自觉的学生工作很认真，不自觉的学生则会经常忘记自己的责任。如果干与不干、干得好与干不好，都无人监管、评价，不仅不公平，工作质量也只能"望天收"。

高效而科学的管理，责权分明，层次清楚，命令传达顺畅，执行有力；班主任运筹帷幄，指挥若定，班级运转良好……

达到这些效果的起点是改善班级的组织结构。

（一）什么样的班级组织结构是不合理的

班级组织结构是指班级组织中正式确定的使工作任务得以分解、组合和协调的框架体系。其本质是为完成班级工作、实现班级目标而采取的一种分工协作体系。班级要想实现高效运转，就需要有合适、有序的组织结构。有效的组织结构能够使班级成员有序地分工合作，产生协同效应，实现班级目标。

目前，很多班级虽然有形式上的组织，但结构并不科学，所以未能充分发挥相应的作用，达成目标。很多班主任只是根据经验和感觉进行班级管理，见招拆招，兵来将挡，水来土掩，一点儿也不专业。一个班级看上去有班委、组长、课代表，什么都是齐全的，但管理关系没理顺，各自为政，班主任随便抓差，很多事情的处理是随意的。一些班干部只有其名，却无事可做。学生凡事都依赖班主任，班级离开了班主任，就无法正常运转……

以上各种乱，根源在哪里呢？图2-3能说明一些问题。

图2-3　不合理的班级组织结构

弊端一：班主任和每个学生是点对点地发生联系。班主任安排工作直接找到某个人，学生出现了任何问题都只找班主任，联系是单线的。班级有几十个学生就会有几十根线，都抓在班主任手上，学生直通班主任，哪一条线动一下，班主任就要跟着动一下。

弊端二：学生之间缺少横向联系，对其他人做的事并不了解，自然也谈不上关心，因为这些事和自己没有关系。这种状况会导致集体缺乏凝聚力。

弊端三：班主任和学生之间缺少中间层，如果班级人数不多，学生比较优秀的话，班主任还能应付。如果没有这两个前提，班主任的工作量就会非常大。

弊端四：班委会、小组没有发挥作用，形同虚设。

（二）设计合理的班级组织结构的基本原则

设计合理的班级组织结构一般有以下四条基本原则。

1. 目标一致性原则

班级组织结构的设计，必须有利于高效完成班级工作和实现班级奋斗目标。

2. 分工与协作原则

班主任在设计班级组织结构时，要根据班级工作的需要和完成任务的可能性合理分工。也就是说，班级组织中每个部门的分工是非常明确的。大家各自完成任务，部分合成整体，各部门之间有顺畅的沟通和联系，班级的运转自然有序、高效。这种分工包括三个方面。

①层次分工（分层把关）。比如，班主任 — 劳动委员 — 值日生组长 — 值日生，一级管一级。

②部门分工（我的地盘我做主）。比如，板报小组需要完成班级所有

板报的设计和出刊，而板报小组在出版报过程中需要的各种物资则由生活委员管理的后勤小组负责。这些部门之间的协调机制，也是进行组织设计时需要考虑的。

③职权分工（各司其职）。比如，每个班委、课代表、组长到底应该分管哪些工作，权限是什么，应该明确。

3. 责权对等原则

在进行班级组织设计时，既要对各个部门的职责范围予以明确，又要赋予他们完成职责所必需的权力。

4. 稳定性和灵活性相结合原则

正常情况下，班级的组织结构是稳定的，即使外部环境和任务发生了变化，也能有序地正常运行。但是班级在运转过程中也要有一定的弹性，能随时做出调整使其与变化的情况相适应。比如，充分发挥小组的作用，有些工作交给小组完成。再比如，班级可以有小社团（兴趣小组），也可以为某项工作专门成立小团队（项目组），如"运动会工作小组"，吸纳班级各路人才（不一定都是班干部），一起合作，努力完成任务。

（三）如何构建合理的班级组织结构

指导原则有了，接下来就进入具体操作阶段。

1. 让班委手下有兵

班级岗位承包人不是散兵游勇，他们都隶属一定的部门。每个部门的负责人就是班委会成员，每个班委会成员都有自己的工作团队。所以，先进的班级管理理念要求班委会成员不仅自己要干活，还要领导、管理自己的小团队（见表2-2）。

表 2–2　班级工作承包人和负责人

编号	工作岗位	所属部门	负责人	承包人
1	植物养护	劳动部	李涵	佳慧
2	物资回收	劳动部	李涵	梓贤
3	换垃圾袋	劳动部	李涵	小胡
4	关门、关灯、关电源	劳动部	李涵	李宁
5	电热水瓶管理	后勤部	田健	小黄
6	复印机管理	后勤部	田健	赵林
7	微波炉管理	后勤部	田健	王倩
8	领取物品	后勤部	田健	大雄
9	财物报修、维修	后勤部	田健	方舟
10	为班级购物	后勤部	田健	小洛
11	班费管理	生活部	赵新	郭姝
12	班级储蓄罐管理	生活部	赵新	雪婷
13	空调管理	生活部	赵新	赵新
14	出黑板报	宣传部	宋颖	（略）
15	海报展板制作	宣传部	宋颖	（略）
16	电子相册制作	宣传部	宋颖	丁瑶
17	班级活动摄影	宣传部	宋颖	刘可
18	图书管理	学习部	张佳	刘玉
19	电影赏析	学习部	张佳	耿俊
20	白板管理	学习部	张佳	张桢
21	电子文档录入	学习部	张佳	子鑫

　　这样，班级每项工作首先有直接承包人，承包人之上是负责人。工作如果出了问题，承包人知道应该向谁汇报，听谁安排。如果再有问题，才由班主任出面解决。

班主任要召开各个部门参加的会议，明确每个部门承担的任务，并把管理的关系理顺。相关工作可以直接交给部门负责人，由部门负责人把工作在团队内进行二次分解。

例如，宣传委员领导的宣传部有 13 个人（其中有人承担了两项工作），包括出黑板报 8 人（分两组，4 人一组，轮流出黑板报）、创作海报 2 人、摄影师 3 人、电子相册制作 1 人、照片美化 1 人。他们各司其职后，班主任就不会再为这类事务烦恼了。班级宣传的工作都可以交给宣传部完成，班主任只需要布置任务、关注进展，最后做出评价即可。

这样操作，班级中的大部分问题不需要班主任操心就可以解决，班主任就可以从大量琐事中抽身。

2. 每个学生明确自己的工作

完成岗位招聘后，要对所有岗位做一个梳理，整理好两张总表，一张按照部门顺序排列（见表 2–2），另一张按照学号顺序排列（见表 2–3）。

表 2–3　班级工作安排表

学号	姓名	职务1	职务2	值日生	工作1	工作2	工作3
1	……	—	数学课代表				
2	……	学习委员	—				
3	……						
4	……	—	英语课代表				
5	……	班长	历史课代表				
6	……	宣传委员	—				
7	……	生活委员	—				
8	……	—	政治课代表				
9	……	团支部书记	—				

将表2-3张贴在教室里醒目的位置，方便学生查看。它的主要功能有三个：一是提供查询，老师、学生都可以查，出现问题时可以迅速找到责任人；二是方便督促、提醒，以免学生遗忘或遗漏自己的工作；三是可以找平衡，因为有的学生承担的任务较多，有了新任务，就可以考虑选择工作相对较少的学生负责。要让全体学生（至少是绝大部分）都有为集体尽义务的机会。

在班级里，每个人承担了多少工作，谁干得多，谁干得少，通过表格可以一目了然，那么，在评选优秀、先进时，大家就不得不服气，会减少很多不和谐的声音。

以上两张表格要随着班级的发展而不断补充、更新。

班级刚组建时可能没有那么多岗位，之后会越来越多。无论是已有岗位还是新增岗位，都要将其归入某个部门。有了部门负责人，承包人就能有归属感，班级管理的层次就能分明。

（四）全班一盘棋

按照以上思路构建的班级组织结构关系可以用图2-4来说明。

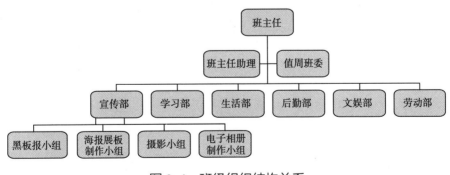

图2-4　班级组织结构关系

限于篇幅，以上图示仅就"宣传部"做了展开以说明问题。如图2-4所示，班级管理体系由班主任、班主任的助手、若干部门负责人以及具体的岗位承包人组成。班主任是组织者和指挥者，位于管理结构的顶端。班主任通常有两个常态的助手——班主任助理和值周班委，在某些时间，他们也可以成为班级的管理者。下面就是各个部门，由部门负责人管理。每个部门都由若干小团队或者个人组成。

这样，班委手下有了"兵"，不再是单兵作战；全班学生也都有归属，不再是散兵游勇。班级部门建立后，班主任就可以把大量班级事务进行分解。根据任务的属性，将其归入各个小组。比如，收作业、考试复习、研究性学习、学科竞赛的组织等，凡是与学习有关的，都属于学习部；班级所有涉及生活、财物方面的问题全部归生活部管理；等等。所有新任务也是先经过分类再下达到各部门。全班学生通过这样的组织方式紧密地联系在一起，每个人都成为集体中不可或缺的一分子。

（五）万能的"6人小组"

下面介绍很实用的"6人小组"。

1. 6人小组管理的理论依据

班主任可以通过两种方式实现对班级的高效管理。

第一种方式，如前所述，班主任通过各部门的负责人（班委会成员）管理班级。基本模式为：

班主任 $\Longrightarrow$ 班干部 $\Longrightarrow$ 岗位 $\Longrightarrow$ 承包人

这种管理方式是由工作的性质和内容决定的。而班级里大量的常规事务、一般性的工作，可以采用第二种方式——小组管理。通过管理小组实现对全班的管理，其应用范围比第一种管理方式宽泛得多，而且更加便捷、高效。

人的精力是有限的。一个班级几十个人，班主任是顾不过来的，无法同时指导这么多人。科学的管理思想告诉我们，管理者只需抓住一些骨干，让这些骨干再去抓住手下的人，即可实现高效管理。这就是"管理跨度"。

管理跨度是指一个管理人员所能有效地直接领导和控制的实际人数。班级的人数和学生的素质决定了班级的管理跨度。如果学生的素质比较高，能力比较强，跨度就可以大一些。

根据学生的能力范围和教育要求，比较合适的管理层次为三层——层次较少，操作简单，是比较典型的"扁平式管理"（管理层次少、效率高的一种管理模式）。班主任既可以通过中间层次将工作分解，为自己减负，又可以很方便地跳过这一层次，随时直接面对学生。

小组管理是一种与部门职能管理并行的管理方式。在这种管理模式下，班主任直接抓组长，组长直接对班主任负责（当然有时也可以加一层：班干部）。这样效率高，大量工作可以通过组长直接到达具体的学生。

小组的人数太多（如一个自然组十几个人），组长管理难度大；人数太少，可以完成的任务就少。总结大量的实践操作经验，结合管理学中"小团队"的管理理论，一个小组的人数在6人左右最为合适。这样就可以根据班级人数决定小组数量（班级人数除以6）。比如，一个48名学生组成的班级，应设8个小组，选8个组长，每个组长管理6人（含组长）。管理跨度如图2-5所示。

图 2-5　管理跨度

班主任一个人管8个组长，是忙得过来的（必要时还有学生助手帮助）。组长管5个组员，也在他们的能力范围内，效率也较高（小组人数过多会影响效果）。

班级人数不同，可根据上述原理调整。

2. 6人小组如何组建

考虑到操作方便、小组成员基本固定等因素，6人小组的组建可采用座位就近原则。双人座的班级同一自然大组竖排前后三张课桌6人为一小组，单人单座的班级根据教室总列数适当调整小组人数，同一横排学生组成一小组。

3. 6人小组的作用

6人小组可以称为"万能小组"。它可以根据不同需要执行多种任务，运作起来方便、快捷、高效。

第一大类任务：基本学习任务。

6人小组在教学上就是学习小组。有研究表明，小组合作式学习的效率是个体学习的两倍以上。虽然这只是一家之言，但用小组合作方式完成学习任务的优越性还是显而易见的。

组内学生可以分别担任不同学科的学习组长 —— 语文、数学、英语、理化生、政史地等。每个人既可以是组长，又可以是组员；在某一学科是组长，在其他学科是组员。每门学科的组长负责处理本组这门学科的学习任务。如背书、默写、检查、答疑、讨论、校对、批改、订正等。大家分工合作，互帮互助。

第二大类任务：班级事务。

6人小组是班级基本的行政管理单位。小组设行政组长一名（固定），主持各种班级活动，如评议、讨论、提名、投票、外出参观、调查等。本书后面提到的很多班级活动均以这样的小组方式开展。

6人小组的管理结构如图2–6所示。

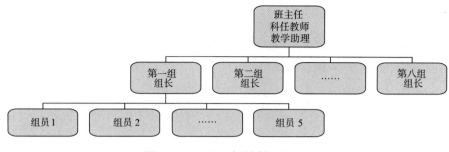

图 2–6　6 人小组的管理结构

4. 小组的管理方法

①先通过完成一些简单任务，让组员建立小组概念，初步形成小组凝聚力、小组荣誉感和小组责任心。

②建立多元的小组评价机制，淡化竞争，鼓励小组特色发展，加强小组的凝聚力，增强组员的归属感，强化对"小组"的理解，直至深入人心，形成小组文化。

③精选、培训行政组长。行政组长的重要性与班干部相当。如果以学校组织结构作为类比，班主任好比校长，班委相当于中层干部，6 人小组的学习组长相当于教研组长，行政组长相当于年级长。年级长的地位应该不低于中层干部。那么，组长是否给力就成为这种管理模式是否高效的决定性因素。选择组长的标准是热心、勤快、主动、人际关系良好、有一定的能力。组长可以由班委会成员兼任，也可以另选。一个班级需要六分之一的学生担任行政组长，班主任要通过观察、了解，选出能力最强的六分之一的学生，加以认真培养，使他们成为可以独当一面的能人。

5.6 人小组的合作、合并、拆分

根据不同活动对人数的要求，6 人小组作为一个基本组织单位，可以灵活地合并、拆分，这些组织工作可以很快完成。比如：

8 个 6 人小组 ⟹ 4 个 12 人大组 ⟹ 2 个 24 人超大组

6.6 人小组的运作方法

需要6人小组出马立功时，班主任需要先召集组长，布置好任务，然后由组长继续向下布置，具体落实。

工作开展过程中，班主任主要找组长询问进展，了解情况。

出现问题或需补充要求时，班主任先找组长（也可通过班长或助理传达）。

总结时，由组长负责向全班或班主任汇报。

在选举或推荐时，一个小组可以先通过讨论，统一认识，提出意见，一个小组相当于一大票。这样更客观、更合理，工作量也能减轻很多，效果同样不错。

【案例2-5 以6人小组为单位推荐感动班级人物流程】

班主任给组长布置任务 —— 组长组织组员讨论，提出小组推荐名单，每组只能推荐1个候选人 —— 班长整理推荐名单，被各小组推荐次数最多的候选人当选，其余的获提名奖 —— 如果难分彼此，则组织小组投票，每组限投两个候选人 —— 票数最高的当选。

这样的运作方式，简单高效，选票具有权威性、代表性，所以有公信力，选出来的人，通常是众望所归的。

第三课

把学生培养成岗位能手

把工作分配下去，把学生组织起来，让高效管理班级有了可能性。但是要真正取得预期的效果，实现班级高效运转，还有一个重要的问题需要解决，那就是"人"的问题。

班级工作能不能到位，绩效如何，关键看人。学生的主动性和能力在班级管理中起决定性作用。学生方面不给力，班主任设计得再精妙也没用。学生的能力不是天生的，他们需要老师的引导、培训。所以，班主任要花大力气培训各种学生。这样做开始时虽然比较累，但意义非凡。这样做不仅能让学生掌握一定技能，为班级发展分担责任，也能培养学生"爱岗敬业"的优良素质，同时能让学生在各自的工作中找到幸福感和成就感。随着学生能力的提升，班主任的负担也就会越来越轻，就可以有更多的精力用来思考问题，规划班级发展。把学生培养出来，班主任和学生都是受益者。

所以，培养学生，是班主任必须做的重要工作之一。

一、培养学生的基本方法

把任务合理地安排下去，仅仅是做了第一步工作（做什么），接下来更重要的是，让学生知道怎么做。班级各个岗位的责任人、班干部、课代表、组长，乃至全体学生，都需要经过各种培训，才能做好工作，较好地完成自己的任务。这些培训工作虽然内容有所不同，但其基本方法是相似的。

（一）教育指导 —— 自己的事自己做

【案例3-1　你做你的工作，我做我的工作】

前天是新学年第一次英语考试，昨天英语老师生病了，今天英语课代表拿着记分册来找我，说英语成绩统计好了，英语老师请我帮她把成绩发送给家长。

我说："我只做我的工作，而你也要做好你的工作。（我们班规定课代表要准备网盘，把每次考试的成绩记录下来，然后在班主任和学习委员那里分别复制一份。这样班主任就会有全班学生各科考试的成绩，学习委员也有。第一次考试后，我会在课代表的优盘里拷上一份电子名单，其他的就是课代表的工作了。）向家长发送成绩是英语老师和班主任的权限，英语老师生病了不能发送信息，我可以帮助我的同事，而你要做的是带着电子成绩过来，由我来操作发送。"

我问："记住了？"

英语课代表："记住了。"

我说："好的。注意，要点是每次考完试录好成绩后，带着电子稿来找我，而不是我来帮你输入成绩。"

中午，英语课代表就把英语测验成绩的电子稿交给了我，我当场就发送了成绩。

【案例3-2　想办法，你能行】

班级负责换垃圾袋的小胡：老班，垃圾袋用完了。

我：我可以把办公室的垃圾袋先借给你用，但只此一次，下不为例。你有两个处理办法。第一，让班级里专门负责领物品的大雄去总务处领垃圾袋。第二，如果在学校领不到，那么就让班级里专门负责购物的小孔同学去买。以后你要注意观察，做事要有提前意识。比如，在垃圾袋快要用完时就想到去解决，不要等用完后才想起来。如果你想省事，不妨多买几卷垃圾袋备用。记住，关键是这种事情不需要向我汇报，让我帮你解决。我需要的是你处理的结果，而不是你向我提出问题。只有在你搞不定的时候才来找我，来找我之前先想一下，是不是认真想过办法了。

所以，我送你两句话。

第一句：想办法，你能行。

第二句：实在不行，来找我。

【案例3-3　我知道不知道并不重要，重要的是它已经完成了】

前天下发了《学生健康状况调查表》，要求填写完整，家长签字后再交上来。发下去后我就忘了（事情太多）。今天听有老师问同事："你们班的《学生健康状况调查表》收了没有？"这时，我才想起来，我班的调查表呢？昨天似乎看见班长在收什么东西，但是没注意。课间去巡视的时候，我问值周班委"调查表收了吗"，值周班委告诉我，已经收好交到校医那里去了。很好！我需要这样的班干部。这件事只要记录在班级日志里就行了，我知道不知道并不重要，重要的是它已经完成了。

学生的意识和能力就是这样一点一点被培养起来的。如果你总是代替他们做，他们永远不会想到自己还能做。以上这些小事都是在学生能力范围之内的，但是学生依然习惯于问班主任，他们独立处理问题的意识是欠缺的。过去的习惯是凡事依赖老师，所以，他们会不假思索地就问班主任这个怎么办、那个怎么办。班主任需要做的，是逐步把事情的处理流程告知学生，而不是直接代替他们去做。就像很多保姆型的班主任，什么都帮学生做好了，勤勤恳恳、兢兢业业，从早忙到晚，其实是在很敬业地培养懒惰的学生。

第一次，可以帮助学生做，可以为学生做示范，但从第二次起，就应要求学生独立完成，遇到困难时再来找班主任。班主任是守住最后阵地、提供最必要帮助的人，而不是什么都冲在第一线，亲力亲为的人。

自己的事自己做，是班主任要帮学生建立的第一个重要意识。

（二）给学生一些行动指南

虽然班主任在强调"自己的事自己做"，但光有这样的理念是不够的，要想培养学生的独立意识和办事能力，班主任还需要对他们进行具体的指导。给学生一些行动指南是十分必要的。

1. 编制《学生校园生活手册》

当你发现学生总是因为一类事务麻烦你的时候，就要动脑筋想一想了，因为你有很多事情要做，不能总是这样为反复出现的问题奔走，一遍一遍地解释。为了培养他们的独立意识，同时体现对学生和家长的服务意识，你可以用一点时间收集资料，编制一份《学生校园生活手册》（以下简称《手册》）。这本《手册》将成为学生的行动指南。

《手册》可以包括以下内容。

①学校的地理位置、公交线路和校园网网址。

②学校周边的重要单位，如医院、派出所、银行、超市等。

③学校对学生的统一要求，如作息、着装、发型、行为规范等。

④学校重要职能部门的位置和负责人姓名。如校医务室、体育器材室、团委、总务处、教务处和校长室等。有校园的平面图更好，可以标注上有关部门的位置，复制一份放在手册里。

⑤联系方式：班主任的（包括手机、微信、邮箱、QQ 等）、科任教师的、年级长的、德育主任的、校长的（如果可以）、校医的等。告诉学生，如果有必要，可以联系求助，但也要教育学生尽量别骚扰老师或领导。

⑥全班学生的通讯录，包括电话号码、其他联系方式。必要时学生也可以向同学求助。

⑦一些常见问题的处理流程，如请假和各种违纪等。

⑧学校主要的奖惩条例。

⑨其他你认为需要学生知道的内容。

《手册》的编制工作不一定一次完成，可以逐步添加内容，编上序号，分期下发，让学生妥善保管，也可为家长准备一份。

你需要向全班学生详细解读这本《手册》，并要求学生熟悉内容，妥善保管，上学时带在身上。要教育学生养成经常翻看《手册》、遇事先查《手册》的习惯。

设计一定的流程是必需的。重要的、常见的流程应该形成文字或图示，向学生进行解读，张贴或印发给学生和家长。

2. 逐步健全各类常规事务的处理流程，并通过实际操作指导让学生熟悉

告诉学生常见问题的处理流程是十分必要的。具体设计哪些流程，要根据班级的特点定，还需要根据情况的变化及时修改、补充。有些流程全班学生都用得着（在学校出现身体不适、请假、作业未交等情况时），有些则是特定责任人（课代表、班委等）使用的。前者要告知所有学生（有的可在《手册》中查找），后者则在培训相应的责任人时予以解读。

【案例 3-4　学生在校身体不舒服怎么办？】

①校医室位置和校医电话要张贴在教室醒目的位置。

②身体不适的学生向卫生委员或值日班长或班长报告，卫生委员或其他知情同学向班主任汇报。

③如果情况不紧急，本人自行或由同学陪同去校医室。

④如果情况比较严重，校医建议送医院的，班主任配合校医妥善安排，同时立即联系家长并向学校汇报。

⑤如果情况比较严重且班主任不在，则卫生委员或班长应留在同学身边，听从校医安排，同时在第一时间向年级长或德育处教师或其他任何老师寻求帮助。

以上处理方法，不仅要告知全班同学，还要重点培训卫生委员，因为这种情况主要是由他们处理的。最好将以上文字配上流程图，这样看起来更加简洁、明了。

综上，班主任只是事件处理中的一个环节，有没有班主任，生病的学生也会得到帮助。当然，班主任在正常情况下应该在场，但万一不在呢？

明确流程的主要目的是培养学生独自处理问题的能力。班主任教育学生的基本原则是：自己的事自己做，尽量不给别人添麻烦。做不到的事情必须在最短的时间里求得帮助。班主任应该让每个学生都明确知道，在学校里发生什么问题该去找谁。这个"谁"不一定是班主任，也不应该什么事都找班主任。

（三）明确岗位职责

每项工作都有各自的要求，必须明确岗位职责，否则任务就算分配下去了，学生还是不知道该怎么做。没有职责的岗位，工作质量只能凭学生个人的态度和责任心"望天收"。班主任应该分别制定这些职责，也可以发动学生自己讨论工作职责，确定下来后形成文本，下发到每个责任人手上或者让他们做好笔记。这样做虽然会花去班主任一些时间，但却对学生如何开展工作进行了指导。学生知道做什么，负责人知道该怎么检查，减少了工作中的大量麻烦和纠纷，为此花些时间和精力是值得的。

班级的岗位职责是多种多样的，可以说，设一个岗，就需要有相应的职责。重要的岗位职责应该张贴在责任区附近醒目的位置以便查阅和监督。例如：

【案例 3-5　阳台保洁】

教室阳台是班级的储物处和同学们的休闲区，也是班级的窗口，必须保持干净、整洁和美观。请负责保洁的同学注意以下几点。

1. 按时上岗做好保洁工作。

2. 保洁项目为：地面、水池、窗台、墙砖、劳动工具摆放、物品整理。

3. 要求：地面整洁无杂物、无积水，物品摆放整齐，瓷砖、玻璃、窗台清洁，环境优美。

阳台保洁责任人及保洁时间见下表。

责任人及保洁时间表

保洁时间	星期一	星期三	星期五
责任人	佳惠	王英	张正

（四）召开培训会

要把岗位责任人按照工作性质分别召集起来进行培训。培训会的时间不需要多长，把要讲的内容说清楚即可。召开正式的培训会会提高学生的重视程度，也可以借此机会点评做得好的和做得不好的案例，以利于学生改进工作。

经常开小会是提高班级管理质量的重要方法。

培训会不是只开一次就能解决所有问题的，有的需要根据情况隔一段时间就开一次。随着暴露出来的问题一一得以解决，工作质量就会稳步提高。

如果班干部的能力很强，这样的培训会也可以由班干部主持召开。

（五）落实检查制度

只有职责和培训还是不够的，完备的管理体系一定还包括严格的检查制度和相关的奖惩。没有检查与奖惩，干好干坏一个样，好好干的就会没有积极性，不好好干的就会投机取巧。

检查和惩罚，都有一定的强制性，可以矫正学生的不当行为。大多数学生的不当行为并无多少主观恶意，但需要用规则帮助其认识错误并加深印象，提高责任心。加强检查，可以保证工作按时按量完成。

检查制度一定是和班级工作安排相配套的，有岗位就一定要有检查。检查人多数由相应的班干部担任。这其中比较辛苦的，当属劳动委员和学习委员，所以必须由能力强的学生担任这两个职务。

检查工作的时间分为固定的和灵活的两种，如何检查必须在培训会上和承包人说清楚。检查的学生要有工作的艺术，不能仅仅负责填表。我对班干部的要求是，发现问题或工作不到位的情况，应该先提醒，如果提醒有效，则不一定记录。有些表格不需要填得满满的，尽量少填甚至不填，才能显示出管理的高水平。

班级的各项检查制度应该是健全的，但记录不是目的，惩罚更不是目的，帮助学生养成良好的习惯和提高责任心才是目的。

【案例3-6　窗台、窗玻璃保洁检查】

可依据下表对窗台、窗玻璃的保洁情况进行检查。

窗台、窗玻璃保洁检查表

保洁岗位	保洁时间	责任人签字	完成情况	检查人签字
内前窗				
内后窗				
外窗1				
外窗2				
外窗3				

保洁岗位	保洁时间	责任人签字	完成情况	检查人签字
外窗 4				
……				

注意：

①每次完成保洁后由责任人注明时间并签字。

②完成情况由劳动委员检查，等级为 A、B、C，分别对应优秀、合格、不合格。

③检查为"不合格"的需重新打扫。

将案例 3–6 中的表张贴在窗户旁边的墙上，承包人完成任务后在表格上签上保洁时间和姓名，劳动委员见到签字后检查，检查完毕后劳动委员签字。

如果责任人不能完成工作，负责人将按照以下程序处理：

提醒 ⟹ 督促 ⟹ 记录 ⟹ 补做

班干部在工作中应尽量以提醒、督促的方式让承包人完成任务，尽量不处罚。处罚应尽量少用或不用，但作为一种教育手段必须保留。

二、班干部的选择和培养

下面具体讨论班干部选择和培养的问题。

（一）新接班第一届班委的产生

班干部应该是班级的精英、班级的领军人物、班级管理的中坚力量。他们的表现，直接关系班级管理的质量。班级制度再好，班主任再强调，归根到底还是"人"的因素起决定性作用。前面我们用大量篇幅研究了班级工作，但这些工作如果没有合适的人来组织或者去做，那一切就都是空的。

对班干部的培养，无论提到怎样的高度、付出多少精力，都不为过。班主任在这方面做出的努力必将带来丰厚的回报。

班干部的能力应该明显比普通学生高出一截。这种差距，一方面源自学生的特质，另一方面来自学生早期接受的教育培养，包括家庭教育。所以，差距客观存在。在班干部工作上，班主任首先要做的就是发现人才或潜在的人才，这需要仔细观察并通过一些具体工作和集体活动让那些"能人"浮出水面。

对新组建的班级来说，我并不主张第一届班委完全由学生自荐或海选产生。因为此时学生之间并未互相了解，而真正有能力又负责的学生也不一定会站出来，反而是一些爱出风头的学生热衷于毛遂自荐，但他们不一定沉稳可靠。

根据首因效应和定位效应的原理，第一批班委的能力和素质对班级今后走向有着重要影响。没有能力、不负责任、不称职，甚至风气不正的学生如果在班级管理中担任重要职务，对班风建设的伤害会非常大。所以，班主任对此务必慎之又慎。

我的建议是班主任在开学前，最迟在报到前一天，要对班级学生的基本情况做一个了解，而且最好是面对面了解，因为只有这样才能获得最真实的信息。如果来不及，至少要根据手头的资料，对感觉可能是重点学生的人做一些了解；如果来不及一个一个了解，比较简单、省事的办法就是在开学前先召集一些新生到新班来做一次公益劳动，在和学生一起劳动的过程中注意观察与交流，获得信息。在报到日，可临时找几个学生帮忙，为班级做一些事情，班主任要尽量脱开身，以便有足够的时间和精力观察学生。这个时机非常宝贵，不可糊里糊涂地浪费掉。

接下来，经过前期的观察和慎重考虑，班主任可以任命第一批临时班干部，在班级运行一段时间（比如一个月）后，再选出正式的第一届班委会。

（二）班干部的培养

班级要想实现自主管理，一支有能力、负责任的班干部队伍不可少。高素质的班干部队伍不仅是班级管理的中坚力量，还是班主任的得力助手。但如果班主任只想到用人，却忽视培养人，就大错特错了 —— 没有人生来就会做班干部，能力都是培养、锻炼出来的。

培训班干部，是班主任的重要工作之一。为此，要设计系统的班干部培训方案，通过长期努力，让班干部能在自己的岗位上做得得心应手，独当一面。

1. 培训班干部的基本方法

班主任对班干部的培养可以采用即时指导结合固定培训的方式。即时指导往往是结合刚刚发生的事进行的，有很强的时效性，学生的印象也往往很深。无论做得好还是不好，都要点评到位，让他们知道好在哪里、不好在哪里，知道以后如何改进提高。

固定培训的时间主要是班委例会。班委例会正常应该两周召开一次，遇到重大活动时可以再临时召集。班委例会应该有相对固定的基本流程，每次例会都要解决一些实际问题。例会要有专人做会议记录。在例会上，班主任不仅要听取班干部汇报、布置工作，还有一项重要任务就是培训班干部 —— 就近一段时期班级的事务谈如何开展工作。培训以班主任讲话为主，也可让做得好的班干部介绍经验。培训前班主任要备好课，培训时要求班干部记笔记。

2. 班干部培训的主要内容

班干部培训的主要内容如下。

（1）让班干部知道要做什么、不做什么

班主任最好能给每位班委下发一份任务清单，明确班委的基本职责。这样的任务单不是泛泛提要求，而是有具体的安排。以下示例来自我班的班委基本职责。

【案例3-7　班委工作任务单】

1. 班长

①始终注意自己的身份，树立良好形象，给全班同学做榜样。

②在班主任不在的时候代理班主任的职责，负责管理班级常规事务。

③协助执勤班委进行午休和自习课的管理。

④组织召开每两周一次的班委例会（单周星期五中午）。

⑤主持班级小组评议、讨论、推选等活动。

⑥参加学校的班长例会，做好会议记录，及时传达。

⑦完成班级申报各种材料的整理。

2. 副班长

①在班主任不在的时候协助班长代理班主任的职责，负责管理班级常规事务。

②记录、管理学生迟到、早退、缺勤情况。

③更新与维护班级公示栏。

④记录每次班委例会的情况。

⑤如果班长不在，则代理行使班长职责。

3. 团支部书记

①负责班级团组织的所有工作。

②每日检查团员佩戴团徽情况并记录。

③记录、统计班级的好人好事以及获得的加分。

④负责学校各项慈善公益活动、团委活动的组织落实工作。

⑤负责与学校德育处、团委、学生会等单位的联络，及时传达信息。

4. 学习委员

①汇总班级各科测验、考试的成绩。

②制作各次考试成绩统计分析的电子表格。

③每天汇总各科交作业情况，填写《交作业情况记录表》报班主任。

④组织并管理班级学习互助小组的活动。

⑤负责学校各种学科竞赛的报名组织工作。

5. 宣传委员

①管理板报创作小组，保证每期黑板报能及时出刊。

②管理班级海报小组。

③组织购买班级各类用于表彰的奖品。

④负责学校、班级各项活动的宣传工作。

⑤准备各项活动的道具。

⑥负责安排各类活动的记录、摄影和电子相册制作等工作。

6. 生活委员

①管理班费的收支，每半学期公示一次。

②及时购买、添置班级所需各种备用品。

③报销班级各项支出。

④关注天气变化，提醒同学课间开窗通风，保持室内空气质量良好。

⑤遇有同学生病或不适，予以必要帮助并及时和班主任联系。

7. 劳动委员

①和值周班委共同完成例行卫生检查，填写保洁检查记录表。

②认真检查同学承包的卫生工作完成情况并签字。

③提醒值日生做好每天的保洁工作。

④定期检查劳动工具、黑板擦、粉笔等用品，如有损坏、缺失，及时维修、更换。

⑤协助班主任组织班级同学的公益劳动。

8. 体育委员

①组织跑操、晨会、集会的队伍，清点人数，向班主任或副班长及时汇报。

②负责各类体育比赛的报名组织工作。

③协助体育教师做好体育课的组织、整队工作，统计体育课缺勤情况

并及时向班主任、副班长汇报。

④组织学生的课外体育锻炼活动并提醒同学注意安全。

⑤负责各种外出活动的队伍组织、点名工作。

9. 文娱委员

①负责各类文艺演出、比赛的组织工作。

②管理班级合唱团，组织排练。

③负责每天中午"每周一歌"的播放工作。

④安排、组织"世界经典电影赏析"有关视频的推荐、播放工作。

⑤负责组织每月一次的集体生日会工作。

以上内容都是班干部要做的常规的、基本的工作，不包括临时增加的和要求较高的任务。临时增加的任务按照内容再分配给各个班委。

班委工作任务单不仅规定了班干部要做什么，而且规定了他们不做什么。有些班干部很能干，什么事都抢着做，会造成班委之间产生矛盾。明确分工，有利于落实各司其职的原则。班级工作既不能互相推诿，也不能争抢。该谁做就由谁做，某项工作由谁负责，其他人就不要干涉，这样可以提高工作效率。

（2）分外的事如何处置

尽管每个班干部都有工作职责，但不意味着只要把自己分内的事做好就是个好干部。班干部应该有担当意识，不能"各人自扫门前雪"。对班干部工作的要求可以用四句话概括：①分内的事认真做好；②分外的事，可以协助别人做好；③分不清分内分外的事，加强沟通；④对班级有利的事，主动去做。

（3）让班干部掌握基本的工作方法

班干部一开始不一定都具备很强的工作能力，但应该掌握基本的工作方法，班主任要手把手教给他们。比如，如何高效完成任务、如何团结大多数搞好同学关系、如何树立自己的威信、如何协调班级工作和个人学习的关系，等等。下面的案例是我和一位班干部的谈话实录。在谈话中，我对这位班干部的工作方法做了具体指导。

【案例3-8 培训班干部】

一定要处理好同学关系，得到大家的支持。一个人即使再能干，没有同学的支持，你也是玩不转的。工作时要注意方法，不能急躁，不能发火，不能越俎代庖。要明确自己的工作性质，班干部和班主任是完全不同的。因为你和大家是同学关系，是平等的。而我和大家是师生关系，是上下级关系。所以，你不能居高临下地发号施令，这样会引起同学的不满。绝不能站到同学的对立面上。班干部没有任何特权，管理是为大家服务的，这点务必保持清醒。要养成凡事和大家商量的习惯，班委与同学合作愉快，再与班主任合作愉快，就可以了。

比如，昨天下午放学时，数学课代表布置作业，她很热心，但可能因为缺少经验，布置的作业大家看不明白，同学很急，她也很急，越急越说不清楚。你当时是怎么做的呢？你很大声地表达了不满情绪，还冲上来要自己布置作业。要知道，你不是数学课代表，你这样做会让她很难堪。这样无益于她做好工作，你也不可能一直代替课代表布置作业。课代表不开心，以后就不会支持你的工作，其他同学会觉得你简单粗暴，这些对你以后开展工作都很不利。所以，你应该改进方法。你可以和课代表共同商量、研究作业怎么布置才清楚。类似的事情以后都要这样处理。记住，别发火，你要更亲和、更低调、更细致。声音不要太大，语气要谦和一点儿。你的能力很强，一定明白我的意思，我相信你会越做越好。

（4）帮助班干部养成反思的习惯

人都是在反思中成长的。而绝大多数学生还没有养成反躬自省的习惯，他们往往只是跟着感觉走，有人做了多年班干部，只是因为自己表现好，工作能力并没有实质性的提升。原因就是缺乏班主任的指导和自己的反思。

帮助班干部养成反思习惯主要有三个方法。

第一个，撰写工作计划。

有了任务单，为什么还要班干部写工作计划呢？因为领任务单是被动接受，而根据任务单所列内容阐述自己将如何完成这些工作就是主动思考的过程。工作计划可以超越任务单的内容，这是需要班干部动一些脑筋的，也是对他们如何发挥自己智慧和主动性的考验。工作计划必须面对现实，有可操作性。班主任并不需要班干部将工作计划做得多么完美，只要经历这么一个过程，对学生就是一种提升。

班主任要和每位班委认真研讨他的工作计划，并做适当修改、调整。带着这样的指导，班委开始各自的工作。

第二个，撰写工作总结或者述职报告。

班主任可以规定每个班干部每半学期或一学期向自己递交工作小结或者述职报告。对从来没有写过这种报告的学生来说，班主任同样要进行指导。班委述职报告一般包括以下内容：

①任职以来，做了哪些工作，也就是工作计划的完成情况如何。

②自己认为做得比较满意的事有哪些。

③自己认为工作的不足之处有哪些。

④还希望班主任给予怎样的指导和帮助。

班主任对述职报告进行面批、点评，解答班干部的困惑并予以必要的帮助。班干部撰写述职报告一是为总结经验，二是为逐步养成反思的习惯，避免糊里糊涂做工作，三也是对他们工作的一种监督。培养学生的反思习惯会使他们终身受益。

第三个，公开述职与评议。

可以在学期末，利用一节班会课时间，举行班干部面对全班学生的公开述职演讲（每人三到五分钟即可）。班委可以事先准备讲稿、课件或道具，班主任提出指导意见，但不必事先审稿，让学生自由发挥即可。

班干部述职后进入群众评议环节，全班学生对班委进行投票，选票可以做以下设计（见表3-1）。

表 3–1　班干部述职评议表

序号	姓名	优秀	称职	不称职	最想对你说的一句话
1	某某				
2	某某				
3	某某				

票选结果统计好后，班主任要反馈至班委本人并与其进行交流。

班委的公开述职与评议可以达到以下目的。

①提高班干部的责任意识。当着全班同学的面公开述职，对班干部是一种考验，也是一种压力。为了能在同学面前交出一份满意的答卷，班干部平时必须注意自己的言行并及时总结工作。

②在全班同学面前树立班干部的威信。这节班会课专门为班干部而开，给了每个班干部一次展示的机会，也再次确立了班干部在班级中的地位。

③让同学们更加了解班干部，理解他们工作的困难。一些细节平时不是所有人都能注意到的，班干部述职，能重新唤起同学的注意，对他们今后开展工作很有帮助。

④引入了学生对班干部的监督机制。

3. 帮助班干部更好地开展工作

班干部工作开展得好，班级逐步实现自我管理后，班主任就可以少操许多心。从"会做"向"做得好"发展，是班主任对班干部培养的较高要求。为此，班主任还可以做以下工作。

（1）帮助班干部开展工作

班主任要成为班干部的坚强后盾，支持并帮助他们开展好工作。因为班干部的个人能力和威信不同，有些学生并不愿意服从班干部的管理。班主任除了教给班干部一些工作方法外，还要旗帜鲜明地为班干部撑腰打气。要让学生明确，班干部既是服务全班的，也是有管理权力的。只有学生和班干部、学生和老师相互配合，班级工作才能做好。对不服从班干部管理的现象，班主任要予以批评。在班干部威信尚未建立前，不妨采用"带一带"的方法，以师生合作形式落实管理，等班干部有了一定权威后，再逐渐放手。

（2）启发并鼓励班干部创造性地做好工作

要布置具有挑战性的任务，让班干部去尝试。做得好予以表扬，做得不好也不批评，而是给予指导，总结经验教训，再尝试。对班干部主动工作则采取大力鼓励的态度。

【案例3-9　排座位】

我曾经为换座位的问题动足脑筋，还专门写过这方面的文章。但我班班长和我的一次对话却让我过去的努力受到挑战。不过，我一点儿也没有生气。事情是这样的。

班长：老班，期中考试结束了，班级的有些座位可能需要调整一下了。

我：是的。我也觉得有必要。

班长：那么我先征求一下大家的意见，最多两天，初步排一个新座次表给你看可以吗？

我：很好，就这么办。

（两天后）

班长：老班，这是新的座次表，你看看合适吗？

我：不错，可以的。我放学后去宣布一下。

班长：我已经安排他们这样坐下了，大家都没有什么意见，你可以去看看效果。

这个案例说明，班干部的能力和主动性已经有了长足进步，可以独当一面了，这是需要好好鼓励的。但还是要提醒班干部不能随便"越权"，必要的程序还是应该走，除非班主任已经授权。

（3）给班干部一定的自主发挥空间

一些班级工作，学生能自己做好的，班主任就不要过多干涉，要给班干部留下足够的发挥空间。这种姿态能激发学生的主观能动性。尽管学生可能做得不够完美，在实际的锻炼中，他们却会有真正的提升。

班主任对班干部所做的工作，除了培训，还有鼓励和扶持。这是真正对学生未来负责的工作方式。

例如，在前面提到的班主任工作方法中，我们说到了班主任必须掌握的技术之一 —— 开列任务清单。而在我带另一个班级时，同样的任务单，却是由班级的团支部书记设计的，从培养人的角度来看，后者无疑更具有积极的意义。

（4）帮助班干部树立威信

班主任要注意提供各种平台，帮助班干部树立威信。能由班干部传达的通知就不要自己传达，能有班干部上台讲话的机会自己就不要讲话，能让班干部完成的工作自己就不要插手。要学会给班干部鼓掌、助威，而不是都由班主任自己表演。要把机会多留给班干部。班干部在同学面前曝光的频率越高，越有利于他们树立威信。

（5）建立班干部表彰奖励制度

担任班干部，意味着更多的付出和奉献。所以，班主任要注意设立独立的班干部表彰制度，比如，"最佳班委""优秀班委""优质服务奖""优秀管理奖"，等等。这些制度可以与班干部民主评议相结合，根据大家的投票和班级管理的实绩对班干部实施奖励。

（6）对不称职的班干部予以撤换

没有责任心或者能力太弱的班干部，经常不能完成任务、对自己要求不严、不能率先垂范、经过民主测评不合格或者科任教师意见较大的班干部，不仅不能帮助班主任管理好班级，反而会成为班级发展的障碍。对这样一些不称职的班干部，班主任要动用自己的职权，果断撤换。当然，操作上可以讲究策略，但行动上绝不能迟疑。因为这样的班干部存在一天，就会对班级管理造成一天的阻碍，事情会非常麻烦。如果碍于情面，不做及时调整，就会越来越麻烦。所以，如果出现了这种情况，班主任就要和当事学生开诚布公地谈一谈，指出学生的问题。

中途撤换班干部是一件很麻烦的事，要尽量避免。比较好的办法有几个：一是在选择班干部时要更加慎重；二是所有初选出来的班干部都要有一个试用期，满意了再正式"聘用"；三是设置班干部任期制度，不搞"终身制"，任期可以是一学期或者一学年，期满后所有班干部全部"卧倒"，重新竞争上岗。这样既可以保全班干部的颜面，又能选拔出真正优秀的人才。

三、例说重要班干部的培训

一个班级需要配备多少班干部才合适，这个并没有定论，但不同班级的班干部设置基本相同，只是名称略有不同而已。

班级里的事情，有的属于"开门七件事"，过日子天天要做的；有的属于"风花雪月"、锦上添花的。换句话说，班级各个岗位的职能和重要性是不同的。我认为以下岗位是比较重要的。

①班主任助理。

②课代表（教学助理）。

③劳动委员。

④组长。

这些岗位之所以重要，是因为他们涉及班级每一天的正常运转。可以说，一个班级班主任不在没有关系，但这些岗位一旦缺失，班级就一定会出问题。

简单地说，班主任助理就是班主任的助手和秘书，是班主任和班级联系的纽带，负责将班主任的通知传达下去，将班级的情况反馈上来。班级日常最主要的工作就是课堂教学，课代表的重要性毋庸赘言。劳动委员是班级卫生状况的重要保障。这几个关口把好，基本秩序得到保障，一个班级过日子就没问题了。所以，应该把最负责、最有能力的人安排到这些岗位上。

这里就培养前两大岗位负责人的方法做一些介绍。

（一）让班主任如虎添翼的班主任助理

一趟趟地往返于教室和办公室之间……

事务繁杂，千头万绪，经常丢三落四……

你是否疲惫不堪？

如果你处于这样的工作状况，那可不妙啊！这表明，你该找一个班主任助理了！

很多班级没有这个岗位，但以我个人的实践经验来看，设置这个岗位，不仅必要，而且相当重要。

试想，每一门学科都设有"课代表"一职，班主任为什么不能有自己的"课代表"呢？无论从学生自主管理还是从工作实际需要出发，设置此岗位都十分必要。

班主任助理（简称"班助"），是班委成员之一，不过其作用与班长、团支部书记等有很大不同，他主要起联络、传达、提醒、协助、代理的作用。

对班助的基本要求如下。

①准备一个笔记本，记录班主任布置的工作。

②每天主动与班主任联络，听取班主任布置任务和工作，传达到班上或者相关责任人。比如，你可以要求他在每天中午午饭后、下午放学前各来你的办公室一次，问问有什么通知、要找什么人、看看有什么可以协助老师做的事，等等，一应杂事，均可安排他去做。

③提醒班主任需要做的事。班主任事务繁忙，经常会遗忘一些事情，班助可以及时提醒。班主任也要养成一个习惯，每次说完事情后，询问一

下班助（有时也可以询问执勤班委或全班同学）：还有什么事情吗？

④收集同学的意见和建议，主动提出建议，及时向班主任汇报班级情况，反映同学的诉求。

以上是基本职责，接下来就是需要他熟悉班主任的工作方法和流程。经过一段时间的培养，班主任甚至可以适当放手，给班助一个实战的机会——代替班主任做一天或一段时间的管理工作，以锻炼学生的自主管理能力。

所以说，班助就是班主任和班级之间联系的桥梁，当你不在班上时，他就是班主任。

这个岗位如此重要，又很特殊，工作的艺术性较强，所以，只有班级里最有能力和主动性的学生才能担当。由于学生基本没有相关工作经验，所以还需要班主任经常指点、培训。

一个好汉三个帮，有了班助，班主任就不再需要什么事都亲力亲为，也不必担心自己的健忘症了。

但是，班助毕竟只是辅助你，不能代替你。不是说有了班助，你就可以遥控指挥，当甩手掌柜。班主任依旧需要经常到自己班级里走动，但其目的和心情却有很大区别。更多情况下，班主任需要和学生谈心，关心他们的学习、生活情况，给他们提供一些帮助。班主任也需要有更多的时间去思考如何更高效地管理班级，更好地帮助学生发展。如果你每天都陷于上传下达的奔走中，那么，对这些锦上添花的事就只能望洋兴叹。

班主任助理，可以使你从琐事中抽身，让你这个班主任做得不再那么纠结。

（二）让课代表真正成为科任教师的助手

课代表是教师教学工作的重要助手，也是班主任在班级树立良好学风、全面提升学习成绩的重要助手。遗憾的是，很多班主任没有充分发挥课代表的作用，课代表仅仅是帮教师做一些杂事（如收发作业本、登记分数等）的角色。课代表这个资源，是可以好好开发一下的。

1. 为课代表改称呼，提升课代表的地位

在我所带的班级里已经不再使用"课代表"这一称呼，而是改成了"教学助理"，简称"助教"。首先，这是从称谓上为课代表正名。于是乎，"语文助教""物理助教"流行开来。名称一改，学生的心理感觉就不同了，一种荣誉感和责任感油然而生。地位提升了，承担的责任也要有所增加，不仅自己对学习这门学科要更加重视，还要更好地发挥助教的两大功能——协助教师搞好教学工作、带领全班同学学好这门功课。不过并不是每个教学助理的责任心和能力都那么强，很多地方都需要班主任有意识地去培养。

2. 制定教学助理工作职责

基于以上考量，我们要拓展教学助理的作用。为此，首先制定了其基本工作职责。

【案例3-10　学科教学助理（课代表）基本职责】

①熟悉教师的办公地点、课程表和其他工作安排以及活动规律，知道在什么时间和地点能够找到教师。

②与科任教师交换联系方式。无论在校内还是放学后，有问题要及时与教师沟通，同时要让教师也能很方便地找到你。

③做好教师的联络员。准备笔记本，课前、课后确保与教师至少各联系一次，协助教师做好上课前的准备工作，记录、传达教师的要求和通知。没有课的时候也需要时常与教师保持联系。

④放学前把作业清楚地抄写在黑板的指定区域。

⑤每天早晨整理作业本，做好记录。早读前一定要把作业本放在教师的办公桌上并附上没有交作业学生的名单。

⑥要求没有交作业的同学交"情况说明书"，并把说明书交给班主任。

⑦负责课前准备工作。预备铃响后，在教室里巡视，检查同学的书本等用品。按照各科教师的要求，充分利用两分钟准备时间做一些工作，比如朗读、背书、默写、预复习、检查作业等。具体内容，与科任教师商量确定。

⑧准备优盘，录入本学科各次考试成绩，汇总至班主任和学习委员处。

⑨把同学对教学的要求和反映的问题及时告知科任教师和班主任。

⑩以身作则，提升自我对课程学习的重视程度和要求。如果有学习小组，需要做好组织工作。

以上为基本职责，还不是较高要求，但已经把传统意义上的"课代表"工作做了细化，提出了具体要求。至于较高要求，将在熟练完成基本任务的前提下再逐步提出。

3. 培训教学助理

教学助理确定后，召开第一次培训会时，我给每位助理下发了上述基本职责并进行了详细解读，举了一些例子，提了要求，让他们明确该做哪些事、怎么做。不同的年级段，课代表的工作要求和职责是不同的，我是把课代表作为真正的教师教学助手来培养的。所以，第一次培训的主要内容是明确基本职责。

比如交作业问题。班级规定：无论是组长还是课代表都不会去同学的座位上收作业，而是由学生自己在早晨到校后第一时间把作业本放在教室前的一张课桌上，按照课桌上贴的科目标签放好。每本作业本的左上角写上学号，大的练习册则在侧面贴上标签，学号、姓名写在标签上，交的时候按学号顺序放。这样，教学助理检查起来就非常方便。换言之，教学助理的工作不是催收作业，而是整理作业。班级允许不交作业，但是严禁抄作业。如果出于种种原因作业未完成，学生要写简短的"情况说明书"，教学助理会把说明书交给班主任。作业整理好后，教学助理要把交作业情况记录在专用的纸条上，一式两份，分别交给科任教师和学习委员，由学习委员汇总报班主任处。

这些转变对教学助理的工作能力和工作智慧提出了挑战，教学助理必须用心思考如何更好地完成自己的工作。

再比如，每次考试结束后，过去课代表仅仅是帮教师把分数登记到记分册上，而现在则要求他们准备优盘拷贝电子稿。每个教学助理有这门学科完整的成绩记录，这些成绩将汇总到学习委员负责的学习档案里。

诸如此类的基本工作是第一次培训的主要内容。不过在实际工作中，还是会出现各种各样的问题。这些问题都不可能通过一次培训解决。所以，在教学助理工作了一段时间，有了一定的体验和工作经验，问题也有所暴露后，要召开第二次教学助理培训会，主要内容如下。

①工作总结。只说具体问题，以鼓励为主。

②问题研讨。让教学助理说说自身感受，把工作中遇到的麻烦和问题摆出来，集思广益，寻求解决方案。

③提出新的要求。

4. 教学助理工作重心转移，成为真正的教学助手

对基本工作熟练后，要考虑让教学助理承担更多任务。完成这些任务，不仅让教学助理更好地辅佐教师，他们的能力也将有很大的锻炼和提升。

（1）课前准备

从打预备铃到正式上课铃响起之间的两分钟是比较容易出现混乱的时间段，问题主要是学生没有养成课前准备的习惯，不做准备。无所事事，就会闲聊甚至哄闹。解决这个问题的方法不是执勤班委或班主任亲自上阵维持纪律，大喊"安静！不要讲话了"之类的，而是用实实在在的活动代替简单的管理。组织这些活动，由教学助理担纲。

为此，应该特别要求：打预备铃后，教学助理必须上岗执行任务，包括把这节课要预习的内容写在黑板上，巡视检查课前准备情况，根据学科

当下教学内容，安排大家检查作业、背诵、默写、读书、看书等活动。

课前准备必须达到这样的效果：科任教师走进课堂时，一切准备工作已经就绪，学生们的心已经定下来，进入了这节课的学习状态，对教师的教学有所期待。这样，科任教师走进教室后，就可以立即开始教学活动。

从提出要求，到教学助理能胜任，肯定有一个过程。班主任要帮助、辅导教学助理，手把手地教会他们怎么做。所以，在开始阶段，班主任要更多地付出，经常在这个时间段里出现在教室，及时指出教学助理的问题，提出解决办法。

（2）分析成绩

前文已经说明，教学助理会有一份学科成绩的电子稿，这是基本要求。较高要求是教学助理要学会简单分析成绩，大型考试后教学助理要提交分析报告。大多数中学生已经掌握了电脑的基本操作方法，完全具备这种可能性。班主任要教会教学助理如何做简单的成绩分析，对他们的分析报告提出改进意见。几次练习下来，学生通常就能掌握，他们还能发挥主观能动性，创造性地完成任务。

让学生自己分析成绩，其目的主要不是为了帮助科任教师，因为教师自己会做成绩分析。学生分析，是一个主动反思、自我矫正的过程，意在发现问题，明确自己的位置。角度不同，功能也不同。

（3）连接师生

教学活动是双向的，自上而下是教师的教，自下而上是学生的学。其实，这里还有逆向和横向的。比如，教师向学生学习、学生教学生学习、学生自我学习等。这样，教师和学生之间、学生和学生之间，就需要有连接纽带。这条纽带可以由很多角色扮演，比如班主任、班干部、普通同学，但教学助理无疑是主角，因为他既是教师教学的助手，也是最了解学生学习情况的人。所以，他要收集学生的问题，向教师汇报同学的学习情况。

组织学生自学、讨论，也是教学助理的职责。学习小组的活动交给教学助理负责。各门学科的高手还可以组织难题攻关小组，解决一些难题，帮助同学解答疑问。这样既能减轻教师的负担，对当事人自己的提高也有益处。

（4）介入教学

以班主任自己所教学科为起点，可以试着说服其他学科教师，在课堂上给学生一点儿自主的空间，让学生试着上台讲课。我把这项活动称为"小鬼当家"，类似于老教师带实习生。按照循序渐进的原则，刚开始的时候，让学生准备一下，从讲解一两道习题或个别知识点开始。接下来，讲解一段教学内容。学生事先要备课，教师要做指导。经过锻炼，最后教学助理要能独立上一节课。

由学生自己上一节课（可以有合作者），意义非同寻常。一来学生通过系统的备课活动对知识点的理解与被动听教师讲课是完全不同的。自己懂了还要让别人听明白，对讲课学生是一次极好的提升。二来学生的学习积极性往往能得到极大提高，因为这是极其富有挑战性和趣味性的，学生对此充满新鲜感和好奇心。三来学生自己上课绝非易事，通过备课活动，他们对教师的劳动有了切身体验，明白了一个道理：看上去老师上课挺轻松的，其实"台上一分钟，台下十年功"啊！

按照这样的方法培养教学助理，一般都会取得很好的效果。有一次，我班的英语老师病了一个多星期，学校要排代课教师，但是因为课时量大，还是有几节课无法安排，准备让学生自习。我觉得这是一次难得的机会，早先已经让教学助理做过一些工作，这次正好可以实践一下。在教师的指点下，教学助理圆满地完成了"教学"任务，效果还非常好（其中一个重要原因是学生感觉新鲜、有趣，积极性特别高）。教师的困难解决了，更重要的是，通过这次锻炼，学生有了长足进步。

有句老话说得好："有山靠山，无山自担。"教师不在，正好给了"小鬼"当家的机会，可见，凡事的利与弊都是相对的。智慧的班主任总是会把不利于工作的因素转化为积极的教育资源。而这其中，合理用人无疑是重要的一条原则。

四、培训值日生

把学生培养成劳动能手是需要过程的。以下几点做法供参考。

（一）制定岗位标准，以岗位标准指导学生

一般的值日生表里，只有"劳动任务""打扫时间"和"责任人"这几栏，没有"保洁要求"这一栏。强烈建议班主任在设计值日生表时，把这一栏加进去。

"保洁要求"其实就是岗位标准。岗位标准的制定是班级管理正规化、精细化的一个标志。每个劳动岗位都应该有标准，这是班主任在带班过程中需要逐步完善的。岗位标准可以由班主任和学生共同商议制定。这样双方均可接受。制定标准的原则是具体、细致、没有歧义、有可操作性，不能打官腔、喊口号。请看下面的示例。

【案例3-11　擦黑板的岗位标准】

①每节课一下课就擦黑板。
②黑板擦过后应该完全看不到字迹。
③每天中午和下午要各清理一次黑板槽，保证无积尘。
④用完后的黑板擦需要每天清理上面的粉尘。
⑤每天放学后用湿抹布清洗黑板。

岗位标准就是一种指导，不仅解决了学生"该怎么做"的问题，还解决了"该怎么查"的问题，让操作有章可循、更加规范，也培养了学生认真、严谨的工作作风。

（二）岗前培训

班主任要在学生上岗前把每个岗位的职责、要求和关键工作方法进行详细说明，让学生知道"该怎么做""不能怎么做"，然后在实践中锻炼。岗前培训应分小组进行，班主任可以分别召集各个"工种"的学生围在一起，做简单的培训。比如，可以让某个学生先示范，然后由大家评议，指出问题，提出规范的做法。岗前培训能初步解决学生"会做"的问题。

（三）岗位继续教育

学生工作一段时间，对自己的工作已有了一定操作经验，此时班主任可以带学生一起总结，让做得好的学生谈谈经验、体会，相同岗位的责任人互相交流、探讨，像研究学习一样研究怎么把工作做得更好，相关的岗位标准也在这一步制定。如此进行几轮培训加实践，基本上就可以把学生培养成岗位能手。

这项工作，也可以由能力强的劳动委员来完成。

【案例3-12　劳动委员对值日生的培训】

按照劳动岗位（不是按打扫时间），班级值日生可以分成几个组合，比如扫地、拖地、擦窗户、擦黑板等，每个"工种"由若干名学生组成。经过一段时间运作，我们发现了一些问题，有些地方需要改进。班主任要求劳动委员分别对承包这些岗位的同学以小组为单位做简短的培训，重申要求，指出问题，提出改进建议。劳动委员利用课余时间针对重要岗位的承包人召开了五六次培训短会，出色地完成了任务。

（四）鼓励创新

各司其职，实现了工作专门化，培养了一批岗位能手。在此基础上，要鼓励学生创新。此时，评价再次成为导向。班主任和劳动委员要悉心观察在自己劳动岗位上做出成绩的同学并及时表扬、认可，鼓励创新。班主任要加大表扬力度，让这些学生有成就感，以培养"干一行，爱一行"的精神。班级里甚至可以组织一些展示活动，创建平台让一些劳动出色的学生展示他们的技艺并予以一定奖励。

（五）评选卫生示范岗，塑造岗位明星

在班级众多劳动岗位上，总有一些学生是很给力的，总有一些岗位是让人放心的，评选出一批劳动示范岗可以让这些学生成为榜样，他们的岗位也成为展现班级形象的窗口。应利用一些机会让示范岗的学生获得表彰，不管他们学习成绩如何，只要他们能兢兢业业地劳动，就是对班级做出了贡献。班主任用这种眼光看学生，就容易发现学生的优点。多表扬学生好的方面，可以减少班级负面的东西，对营造良好的班风起到积极作用。

卫生示范岗可以挂牌认可。

我班曾经让劳动出色的学生担任升旗手，在班级里设立"关心集体特别奖"，以鼓励那些勤勤恳恳的普通劳动者。每年5月份的"月度风云人物"都开展"劳动明星"主题评选，评比诞生了诸如"扫地明星""擦黑板明星""擦窗户明星"等"班级之星"。这种评价机制对培养学生的爱岗敬业精神和尊重他人劳动成果的品质起到了很好的促进作用，也让学生在各自的岗位上体会了别样的幸福感和成就感。

第四课

制定与执行
班级制度

我们都知道制度（规则）在班级管理中的重要性，但不少班主任在班级制度建设中的以下几个方面仍然有认识不清或缺少研究的情况。

①在班级管理中制度（规则）到底能起哪些作用，制度又有什么样的特点？

②制定并执行制度和学生的个性发展是对立的吗？

③一个班级到底需要确立哪些管理制度，班级制度体系是如何构建的？

④制度的执行力从何而来？

…………

解决这些问题将对制度在班级管理和学生教育方面发挥作用有重要意义，同时也能走出一些长期困扰我们的观念上的误区。

一、班级制度的作用

我们常说，班级就是个小社会，学生和教师构成了这个小社会的成员。学生与学生、学生与教师、学生与集体之间构成了诸多社会关系。一个班级要想高效、有序地运转，学生的行为就要得到有效的约束和引导，班级要想获得和谐发展，没有良好的制度体系做保证，是不可能的。

那么，制度在班级管理中到底可以发挥哪些作用呢？

（一）约束行为

提到制度或者规则，最容易让人联想到的就是制度对人行为的约束作用。制度的这一特点往往容易被一些人误解为对人的个性的遏制与压抑，把遵守制度和发展个性对立起来。其实不然，制度对人行为的约束不仅不会压抑人的个性，相反还可以保护个性的健康发展。

现代人崇尚自由、张扬个性，但是，对个性与自由的理解却是各种各样的。在班级里，学生的行为自由和个性发挥只能是相对的、有限的。如果对自由不加限制，那么任何人都会成为滥用自由的潜在受害者。所以，自由是做法律所许可的一切事情的权利。这些观点有助于我们理解为什么用班级制度约束学生行为和发展个性、尊重自由并不矛盾。

班级制度的首要功能就是约束行为。教师要让学生知道，在自己的班级里不是想做什么就做什么、想怎么做就怎么做的，很多行为必须受到制度和规则的制约。

能规范学生行为的，一是道德，二是制度。

道德是调整人与人、人与社会之间关系的一种特殊的意识形态和行为规范。道德规范与其他行为规范的区别，在于它包含善恶评价标准。所以，道德约束显然不能解决班级管理中的大量问题。因为，一方面班级中出现的很多问题，诸如成绩不佳、作业错误率高、无意的迟到等，都是非道德领域的；另一方面，一个人的道德水平还与他的年龄、经历、基本素质等因素有关。学生作为未成年人，思想、心理也没有完全成熟，在他们身上出现的很多问题，不能扣上道德的大帽子。但是，这些问题依然需要去管理、规范。因为道德是一种非权力规范，所以，它仅仅指出了某些行为应该怎么做而不是必须怎么做，因此在约束学生行为方面的作用不能代替制度，因为制度有一定的强制性。没有管理制度的班级只能是一盘散沙，学生会无所顾忌，为所欲为；教师随意管理，没有规范，基本教育教学秩序都难以保障，谈何发展？

约束行为，令行禁止，是制度在班级管理中的首要任务。

【案例4-1 该怎样教育这个"老烟枪"?】

陈老师好! 我是一名高一年级的班主任, 有个棘手的事情向您求助。在我们班上有一名学生有抽烟的习惯, 经常在厕所、走廊等地方偷着抽烟。我跟他谈过, 他说他抽烟的习惯都有四五年了, 也就是说, 从小学六年级左右就开始抽烟了, 现在很难戒烟。我鼓励他戒掉, 但是效果不是很明显, 背地里他还是抽烟。我现在也不知道该怎么办了。

【案例分析】

面对学生吸烟的问题, 班主任采用的方法是"谈", "鼓励他戒掉"。你说他的教育方法对不对? 当然是对的, 任何负责任的班主任对学生的恶习都不会坐视不管。但是, 应该采用两条腿走路的方法, 不能只谈话而不约束其行为, 任其继续制造坏影响。据此, 我回复如下:

学生不得在校内吸烟, 这是毋庸置疑的, 与他能不能戒无关。如果他违反, 将受到纪律处分。你应该和校方就此事达成协议, 让学校帮助你教育和处理。不管他戒不戒烟, 先严令禁止他在学校吸烟。此规定要与鼓励他戒烟的教育措施同时进行。

在对以上案例的回复中, 我始终强调运用规则。在班级管理中使用制度, 让学生遵守规则, 培养规则意识, 与爱学生、保护学生个性健康发展并不矛盾。这两个方面是相辅相成的。教育学生, 应该用两条腿走路 —— 规则约束、人文关怀, 缺一不可。

有些老师是反对在班级管理中使用制度的, 他们甚至连"管理"一词都羞于提及。似乎说到管理, 就是一种低端劳动; 而教育是为了培养人的个性和自由的, 不能用规则加以压制。似乎制度(规则)是压抑学生个性发展的万恶之源。他们带班希望无为而治, 主张用情感感化学生, 让他们自觉自愿地精进或者自由地长大。

卢梭就有过类似的思想, 他把教育视为自然生长。卢梭的观点有其正确的一面, 但不是说卢梭讲过的就句句是真理。卢梭同时代的英国人约翰·洛克就持不同观点，他认为教育儿童的关键在于让他们懂得规矩，学会克制欲望，这说得也非常有道理。我想，不管是哪一位名家说过的话，都不是圣旨，都需要放到一个具体的、现实的环境中，面对具体的教育对象进行考量。有些看似正义凛然的论调，对班主任，特别是年轻的、没有经验的、缺乏能力的班主任有不好的导向作用。无为而治，实际上是不可能的。班主任必须有所作为。

有人把教育比作农业生产，这也是有道理的。但是，如果对此论调不加以深入思考和仔细分析，就难免被带向无政府主义的歧途。农业生产虽然也具有自然生长、生态平衡和等待收获的特点，但是，要想庄稼长得好，还是需要精耕细作、锄草除虫的。放任不管的结果就是杂草丛生、病虫害肆虐，庄稼长不好。班主任中的高手带班到最后，确实可以放手，但是这不代表就不作为了，而是把时间和精力腾出来去思考、去做更重要的事。带班，必须"有为"。

有很多教师不知道规则的强大，也不知道如何运用好规则。因为不会用、用不好，所以就说"规则压制人性"。这种观点的错误就在于，规则本来是为人服务、用于解放人的，却被认为是压迫人、束缚人的。

在第一课提到的关于学生吃零食的案例中，我们思考一下：为什么教师劝阻后，学生依然无所顾忌地吃零食呢？有人说，这个班主任没有威信，说话学生不听。问题是，有多少班主任在学生中有很高的威信，一说学生就会立即无条件地执行呢？恐怕很多班主任做不到这点，即使是很有权威的老教师说的话学生也未必就听，更不要说那些资历浅的年轻教师了。再有，即使班主任的威信很高，在班上说一不二，也不能什么事都靠自己一张嘴说。

什么事都靠"说服""教育"，看上去班主任很敬业、教育观念正确、对学生很关爱，其实，从另一个角度去解读，还可以说是"没有更多的方法"。爱学生，却没有正确的爱的方法，爱就成了无能为力的托词。因为没有方法，所以管理班级、教育转化学生基本靠说教，没有规则的班级管理是低效的。

约束行为虽然是制度运用于班级管理中的首要作用，但绝不是唯一作用。一些教师错误地认为制度就是用来管学生，让学生听话、守规矩的。这种对制度作用的理解不仅很不全面，而且削弱了制度在教育管理中的价值。其实，制度的重要作用远不止于此。

（二）明确义务

学生在班级里必须承担责任。作为集体的一名成员，他必须尽到一个学生的基本义务，即"我必须做什么"。学生的义务也需要用班级制度明确。一个通用的理念——人人有事做，事事有人做，其实并非道德上的要求。这些事中，有些是必须去做的，有些则是可以自由选择去做的。必须去做、不得不做的，就是义务。而很多学生包括教师在内，对这个问题的认识还是比较模糊的。请看下面的案例。

【案例 4-2　学生总是逃避做值日，怎么办？】

陈老师，我们班有极个别学生总是逃避打扫卫生，怎么劝说都没用。请问：我对这样的学生该怎么教育？

【案例分析】

教师如果在教育学生时，抓不住最关键的点，也就是通常讲的"说话说不到点子上"，效果就会很差。劝说无效，可能是因为说话太温柔，学生没拿教师的话当回事，但更有可能是因为教师自己的观念不清楚。对学生这样的行为，必须立场鲜明地指出他的问题所在，不能有半点含糊。那就是——在我们的集体中没有一个人可以逃避自己应尽的义务，否则，你也不可能享受到任何权利。事情虽小，暴露出的问题却不小，班主任切不可以为这种小事，说说就算了，无碍大局。班主任有责任让所有的学生都明确：有些事不是你想不想做的问题，而是你必须做。据此，我做了以下回复：

一个集体中不能允许这样的学生和这样的行为存在，因为他连最基本的义务都不尽。在这件事上，首先不是教育学生要勤劳、不可养成好逸恶劳的品性、劳动光荣的问题，而是要用制度把学生应尽的义务明确下来，无论想与不想、勤劳与懒惰、先进与落后，有些义务都是必须尽的。班级里不能有任何一个人有不尽义务的特权，这是个原则问题，无须过多说教。每个学生必须参加劳动，没有例外。

（三）确认权利

传统的学校德育工作，往往只强调学生应尽的义务和必须履行的职责，而忽视对学生权利的尊重。也就是说，制度只规定学生"必须做的事"（义务）和"不能做的事"（约束），而学生却鲜有机会发出"我可以做什么"或"我有权不做什么"（权利）的呼声。这是当下学校教育工作中的一个大问题。

事实上，权利与职责和义务总是相对应的，学生在为集体尽了该尽的义务的同时，也享受着作为学生应该拥有的权利，这些权利不容侵犯或剥夺。而在现实中，却有一些教师有意无意地忽视这个问题。班主任尤其要注意，一些问题的处理方式，如体罚、停课、罚款、没收物品等，已经是在侵害学生的权利了。有些班主任浑然不觉，以为这么多年来，自己一直是这样教育、管理学生的，不会有什么问题。应该说，重视并保护学生的合法权利，不仅仅是出于教师自我保护的需要，更是教师职业道德的要求。在制定班级制度时，一定要有确认学生权利的意识。这种意识，要以具体的制度文本来体现，并在实际操作中践行。

前面介绍的班级工作的招标制、根据问卷调查的信息分配学生的工作，这些做法都是尊重学生选择权利的体现。

（四）激励作用

班级制度除了具有上述三大作用外，还有一个重要的功能就是激励作用。良好的制度一定能起到激励学生的效果，形成人人争先的局面。学生生活在班级中，总是会有一些利益上的需求，包括荣誉、评价，也必然会因此而引起学生与学生之间、学生与班级之间的矛盾，这就需要用制度予以调控。既然利益是人的行为的根本动因，制度是调控利益关系的规则形式，那么，制度就可以借助一定的利益机制来实现对人们社会活动的激励功能。

与很多人认为的制度仅仅是压制学生个性的观念相反，我认为制度的激励作用其实更加明显。班主任都很乐于对学生的良好表现加以鼓励，也希望更多的学生能够积极向上、争取进步。但是，班主任应该把这些主观的动机和零散、随意的激励方法尽可能地用制度形式予以明确、固定并加以发扬。

制度的激励作用主要表现在引入竞争机制和加强合作两个相辅相成的方面。班主任需要高度重视班级制度的激励作用并大力开发，让制度的激励作用在班集体建设中发挥更大效用。

（五）指导工作

班级制度还可以用来指导学生的工作，解决"怎么做"的问题。在教育管理中，我们一般比较强调学生该做什么和不该做什么，但是对"该怎么做"却缺少指导。如前所述，运用规则可以对学生的工作和行为起到很好的指导作用。以下案例揭示了在班级工作中，即使是对一些细节的处理，如果能注重运用规则，也能对整个班级的和谐运转起到良好作用。

【案例4-3 教室使用空调的规则】

我们学校每间教室都装了空调，可以做到冬暖夏凉。

空调装了，但电费却要自己班出。两台空调开一天下来，电费不菲。每个教室都配有插卡式电表，充值后空调才能使用。电费是全班学生平摊的。有的学生家境不好，也有人并不想用空调，但空调是不认人的。

很多班主任对这种小事是不过问的，天冷了或热了就开空调，电卡里没钱了就充值，钱不够就收⋯⋯但我想，空调问题如果不解决好，不仅会造成管理上的混乱，也有失公平、公正。

既然不同的人对开空调有不同的想法，那么就制定一个游戏规则，把大家的意见统一起来。有了规则和标准，很多事情就好办了。

我让生活委员去买一只温度计，要求一定要带有湿度指示的，因为我知道决定人的舒适度的，温度之外，湿度也是一个重要因素。

某天，天气十分闷热，大家都觉得有必要开空调。我召集全班同学，正好就空调问题开班级大会。看一下温度计，指标都已经超出了人体舒适的范围，这就不需要争论了，于是第一条规则就制定好了。

规则一：室内温度达到29℃，开空调。

考虑到湿度是一个很重要的指标，湿度过高，人会在不太高的温度下中暑，而人体感觉比较舒适的湿度是50%—60%，特制定规则二。

规则二：以湿度60%为标准，湿度每上升10%，开空调的温度标准下浮1℃。

数据是最有说服力的，用数据来制定规则，理性、客观，避免了主观性、随意性。

但是，数据也不是铁板一块。因为不同人对温度的耐受力是不一样的。如果温度、湿度指标都没有达到开空调的标准，而有人觉得特别难受，很想开空调，那怎么办？于是继续讨论。

首先，有人提出开空调，说明对提出者而言温度较高，有此需要，但并不是所有人都这样认为；其次，开空调的电费是一笔大的开支，如果温度稍微高一点就开空调，不仅对健康不利，也不利于培养大家吃苦耐劳的品质；再次，由于电费需要平摊到每个人头上，也增加了大家的负担，特别是那些不想开空调的人，也必须为一部分人的要求而埋单，是不够公平的。

大家一想，也对啊！是有点儿不公平。那怎么办？既然有人想开，有人认为开不开无所谓，那么，就让想开的人多承担一点儿电费不就行了吗？做一个简单的观察，开一个小时空调需要多少钱，这笔电费也不能让提出要求的人完全承担，因为没有提出要求的人也享受了空调，所以，让提出要求的人承担一部分，其余的钱大家再平摊。方案一提出，大家都觉得很好。经过一番研究和讨论，最终确定这部分费用为两元钱，时间为两节课。换句话说，今后如果在温度或湿度未达到规定值时提出开空调，那么谁提出要求谁就往班级的储蓄罐里投币两元。方案确定，皆大欢喜。一个关于使用空调的规则就这样制定好了。

规则三：如果有人在不满足上述两条的情况下提出开空调，则提出要求的同学必须向班级储蓄罐中放入两元钱支付增加的电费（可以几个同学分摊）。该要求的有效期为两节课。

规则四：使用空调期间，严禁任何人在室内吃东西，每一节课的课间都需要开门开窗通风透气，以保持室内空气清新。生活委员负责执行，大家相互监督，违者将予以批评教育并扣除常规表现分2分/次。

规则五：夏季使用空调，温度统一设定为25℃，不得任意调低温度。空调遥控器由生活委员管理，其他任何人不得擅自使用遥控器。

有了以上规则，班级就再也不会为"开不开空调"这样的问题所困扰了。

（六）预期结果

制度可以让班级的活动、运作都有序地进行。班级秩序是稳定的，这样的环境既有利于学生幸福成长，也有利于班级健康发展。生活在班级制度下的学生心理是稳定而健康的，他能够把握班级的发展进程。在这样一个安定、有序的集体中，学生可以从容地规划自己的生活和目标，并且知道，如果沿着既定的方向前进，一定会得到预期的结果。也就是说，在制度健全的班级中，学生十分明确，这样做或不这样做的结果是什么。这也是班级制度的一大作用 —— 明确了行为和结果之间的因果关系。

总之，班级制度让学生明确了以下问题。

①必须做什么。

②不能做什么。

③可以做什么。

④怎么做。

⑤这样做（或不这样做）的后果是什么。

二、班级制度的特点

班级制度应体现以下特点。

（一）体现民主

班级制度与班级民主管理之间有密切联系。

首先，班级制度的制定过程应该是民主的。制定班级制度的基本原则是"以学生为主体，以班主任为主导"。那么，在操作上如何体现这一民主思想呢？一种很重要的工作方法就是班主任和学生共同商议制定制度。只有学生在班级制度问题上有发言权，制定的制度才会得到学生的认可与接受。但学生是未成年人，思想尚未成熟，所以，也不能完全放手让学生自己制定，班主任还是要起到重要的引导、指导作用。班主任如果想对制度的产生施加一定影响，也需通过做学生的工作来实现。班主任当然有权直接制定制度或规则，但这样做因为程序不民主，学生被动接受，认可度会降低。

其次，制度的执行过程也是民主的，主要表现在三个方面。

①制度（规则）面前人人平等，没有任何人可以凌驾于制度之上或游离于制度之外。

②实行阳光管理，制度的执行过程和结果都是公开的。班级公告栏里有各种公示表格，学生也可以随时查询自己的电子档案，了解信息。每半学期公示一次学生的学习、表现和活动情况。

③制度的执行人大部分由学生自己选出的代表担任。

只有民主的制度才有生命力，才会得到学生的支持，也才会产生好的效果。

（二）公平、正义

公平，是制度的重要特征。对班级而言，对"公平"最通俗的解释是，两个学生犯了同等程度的错误，接受的处罚是一样的 —— 不管犯错误的是班长还是所谓的后进生。

正义，是制度的根本德行。班级制度要主持正义，是善的制度。制定并执行制度，不是为了压制学生、制服学生，而是在保障个人利益的前提下，让所有人都能得到最好的发展。

班主任都知道在工作中要做到公平、公正，但事实上很难保证公正的最大化、常态化。因为班主任也是人，是有情感的、有个人好恶的。班主任确实要一视同仁地关爱每个学生，但在现实中，几乎不可能有人能做到把自己的爱平均分配在每个学生身上。

既然班主任做不到平均分配情感，那么在处理学生问题时就一定会带有个人的感情色彩。理智告诉班主任要做到公平，情感却经常让班主任做出并不公平的决定。

如何帮助班主任战胜在工作中表现出的人性的弱点呢？除了依靠制度，别无他法。规则不仅是用来约束学生的，对教师也是一种制约，令教师不能意气用事。所以，班级管理，要法治，不要人治。运用制度，可以让很多随意的事变得规范，不好处理的事变得好处理。

（三）化繁为简

如果没有制度，班主任就需要对一些常态问题进行反复说教、解释，重复劳动很多，但效果却不好，因为学生都不喜欢听教师说教。用制度来解释，既简单明了，又富有力度。教育不是简单的劳动，但这和运用制度提高班主任的管理效率、化繁为简并不矛盾。

规则不能代替教育，但是，规则却是班级管理中不可或缺的。

三、班级制度体系的构建

如何构建班级制度体系呢？

（一）"1+1>2"的班级制度体系

【案例4-4　扣分制度怎么失灵了？】

陈老师，您好！我现在教高一年级普通班的数学。学生很调皮，实行加减分的措施，刚开始时还管用，后来学生就皮了，越来越不听话，我该怎么办啊？

【案例分析】

这是很多班主任在实行班级量化评分制度中经常遭遇的情况。导致这一现象的原因，一是评价手段单一导致量化评分的实际效果不佳。刚刚引入评分制时，学生还感到比较新鲜，用了一段时间后，一些扣分比较多的学生开始不在乎分值了。这就好比学生在学习上的漏洞太多，感觉补也补不上，干脆破罐子破摔。学生一旦不在乎分数，量化评分就失去了作用，意义也就不大了。二是一般的量化评分制度都是以扣分为主，消极成分较大，激励作用不够。

原因分析清楚后，就可以开展有针对性的工作了。据此，我回复如下：

因为你对学生行为的调控只有一个减分制度，很单薄，时间长了，学生自然就不在乎了。建议增加调控手段，并且挖掘分数的延伸作用，把分数所对应的奖励和惩罚细则明确起来，这样力度就大了。否则，单靠一个减分，效果确实不佳。我班也实行常规工作减分制，但在分数的背后，却有一系列处理措施，这才是解决问题的关键。

以上案例引发的是关于班级制度体系的思考。班级制度体系的作用可以用"1+1>2"形象地说明。

"1+1>2"的意思是班级制度要形成体系，相互联系，相互配合，这样就能发挥比单一制度更好的效用。

每项制度都有它的作用，但这种作用是局部的、有限的。做教育管理要善于打组合拳，每项制度在独立发挥作用的同时，一定要依附于一个完整的制度体系。多个相互联系的制度配合起来使用才能收到最佳效果。这就好比给病人用药，凡复杂一点儿的病症都是不可能用一味药就能解决问题的。

美国的经济学家道格拉斯·诺斯在他的制度变迁理论中提出了制度的"协作效应"。他认为，一项制度的建立会导致一系列与之相联系的其他制度和非正式规则的产生。他还认为，制度总是在不断发展、演进的。制度变迁是一个渐进性的、连续的演变过程，是通过制度在边际上的不断调整而实现的。同样地，班级制度产生后也会有协作效应，各项制度并非独立存在，而是会出现以下情况：制定了一项制度，会催生另外一项或几项相关制度，这些制度是相互联系或者有承接、因果关系的，制度的配合使用可以增加管理的力度，实现"1+1>2"的效果。

班级管理单一制度是单薄的，如果能建立制度体系，就能发挥制度的规模效应。所以，班主任在带班过程中要努力构建班级制度体系，在制定每一项制度时都要考虑清楚，如何与已有的制度配合，形成横向、纵向的联系。那种把班级管理的方方面面收纳到一个制度中的想法和做法既难以实现，也不会真正起作用。

（二）班级制度体系的大致构成

制度就是班级的法律，班级的制度体系结构和国家的法律体系结构是相似的。比如，应该有一个基本大法，如《班级公约》，下设若干具体的制度，如值日生制度、自习课制度、手机管理制度等。班级大法并不需要面对很多具体问题，只需要解决班级发展的战略性问题。具体问题则留给下设的不同制度来解决。某一项制度一定是针对某一类具体事件，解决一定的具体问题的，比如《班级手机管理制度》就是用来管理手机的。

制度体系是在班级发展过程中逐步完善的，并不是先入为主地用很多制度来套牢学生的。当然，班级管理中有些常规工作是有共性的，比如值日生制度、班干部职责等，但这些制度具体如何制定却要根据班级的具体情况、班级所处的年级段、生源层次以及学校的整体情况来考虑。

一个班级的制度体系大致应该由这几部分构成。

①基本大法。如《班级公约》。

②管理制度。如《午间管理制度》《自习课管理制度》。

③行为准则。如《学生一日常规要求》《诚信考试要求》。

④工作职责。如《课代表工作职责》《执勤班长工作职责》。

⑤操作程序。如《交作业管理规定》《请假程序》。

⑥合同契约。如《师徒结对合同》等。

【案例4-5　"九六公约"】

我所带的班级曾经制定过一份班级公约，因只有96个字，故取名"九六公约"。全文如下。

仪容仪表	青春大方	言语文明	举止端庄
谈吐不俗	良好修养	尊重老师	友爱同窗
爱护公物	轻拿轻放	惜时守时	牢记不忘
自习课堂	公德考场	安静有序	无人守望
晨会集会	班级之窗	站姿挺拔	充满阳刚
慎交朋友	积极向上	诚实守信	勇于担当

【案例分析】

①班级公约是班级大法。它应该是战略性、纲领性的，对班级风气有导向作用。班级公约意在引导班级观念文化、行为文化的生成。这样一份公约并不具备可操作性，它更注重的是精神层面的引领。至于操作部分，则由其他具体的制度完成。

②由于班级公约需要经常被学生诵读，以加深印象甚至熟读背诵，所以，它必须短小精悍、朗朗上口。只有学生首先能记住，才能谈得上落实并内化为规则意识，成为品质。这份公约只有96个字，而且全部采用四字短语，合辙押韵，全部是积极向上的语言，符合上述要求。

（三）班级制度体系的构建过程

在班级制度体系的构建上，要明确以下两个问题。

1. 把一个班级管理好需要制定多少制度

一个班级到底需要什么样的制度、需要多少制度，不仅因班级的实际情况而异，也与班主任的带班理念和业务水平相关。在一些实施精细化管理的班级中，班规可以多达几百条，整个班级像一部配合紧密、构件优良的机器，可以保持高效运转；而有些主张"无为而治"的班主任，并没有多少制度，班级也管理得不错，发展良好。由此可见，一个班级的制度绝不是越多越好。

重要的是制度能不能被有效执行。班主任要牢牢把握四个原则。

①制定制度前要深思熟虑，要从切实解决班级中的具体问题出发，不能把制度用于压服学生。

②制定制度时要严谨，不能过于笼统，留下很多漏洞。

③制定制度时就要想好如何执行，能不能坚持执行。

④制度出台后要不折不扣地执行，而且要坚持下去。要有"制定一个，执行一个，坚持一个"的理念。

2. 制度因需要而制定

制度肯定是因需要而制定的。

（1）班级工作的需要

无论什么班级，都需要上课、劳动、自习、考试、体育锻炼、开展活动；无论带什么班，班主任都需要做大量的常规管理工作，比如，安排座位、安排值日生、安排班干部、开家长会、组织考试、组织活动等。这些工作当然需要制定相关的制度，否则就不能让班级有序地运转。很多班主任做这些事都是随性、随意的，并无固定的章法和规范。教育学生的方法是灵活多变的，要因人而异，但常规工作的基本规范也是必需的。

接班之初，班主任可以把常规工作做个分类，先把首要的制度和规范建立起来，让班级先运行起来，再慢慢充实。比如，班级的基本行为规范、班干部的任用制度、值日生制度等，就是首要的。这些制度也可以先做个框架，根据班级发展的进程再进一步修订和完善。

班主任要善于积累班级制度的文本，在电脑里专门设"班级制度"文件夹。第一次架构班级制度体系可能是比较艰苦的过程，但一旦制度完备了，以后补充、修改起来就省事得多。

（2）解决班级问题的需要

有的班主任很害怕出问题，希望班级最好四平八稳，这样可以轻松一点儿。优秀的班主任从不惧怕出现问题，发现不了问题才是最大的问题。问题意味着班级管理中有漏洞，需要弥补。问题的出现挑战了班主任的智慧和意志，但同时也激发了班主任动脑筋解决问题的欲望。一旦通过努力把问题解决了，不仅心情愉悦，有了成就感，同时自己的业务能力也有了提升。优秀班主任就是在不断解决教育难题中成长起来的。

班级的问题层出不穷，对这些问题的解决也不会停止。有了问题不要怕，必然有相应的解决方案。一物降一物，一把钥匙开一把锁，不是没有办法，只是暂时还没有找到办法。带着这样的心态工作，问题就成了资源，这也是班主任能够不断进步的动力源泉。

班级管理中的很多制度都是因为出现了问题而制定的。班级遭遇了一些现实问题，就有制定规则的必要。随着一个又一个制度的诞生，班级的管理就越来越走向正轨，学生的规则意识就越来越强，基本素质就得到了有效提高。

在制度的执行过程中也会发现各种问题，有些是在制定规则时不可能完全考虑到的。所以，执行制度的过程，也是一个发现问题、补充修订、逐步完善制度的过程。

（3）班主任的观察和预见性

班主任要有一双善于发现的眼睛，眼睛里要能看到事，不要视而不见或熟视无睹。要在观察中寻找、预见可能出现的问题，事先采取一些措施，防患于未然。对那些反复出现、困扰学生和老师的现象，要及早制定规则和制度，进行有针对性的管理，以免这些不良现象长期阻碍班级进步。

另外，经验积累也可以帮助班主任提高对事件发生的预见性。虽然每个班级每个学生都有不同的特点，但就人的成长规律来看，依然有一定节奏，在某个时间段通常可能会出现哪些问题，大致是可以预判的。班主任经过若干年积累，一套相对完整的制度体系就应该能健全。

班级制度体系的构建是一个长期的过程，不可能一蹴而就。班主任要有足够的耐心和大量投入，致力于班级制度体系的架构。虽然前期投入比较多，但制度体系一旦建立、健全，回报也是足够丰厚的。班级的所有成员，包括学生和教师，都能从班级制度中受益，都能享受到有序、高效管理带来的班级稳定、和谐的环境。

四、班级制度的执行

制度只有被执行才能发挥作用。怎么做才能提高制度的执行力呢?

(一)形成文本

班主任要重视制度的文本化,所有制度都应该有正式文本,而不是仅仅在口头上宣讲。制度具有稳定性,所以应该以文本的形式固定下来。制定文本是执行制度的开端,一份措辞严谨、逻辑严密、行文严肃、便于操作的制度文本本身就可以提升制度的权威性。制度有正式文本,能提高学生对制度的关注和重视程度。

在制定制度文本的时候,要注意以下两个问题。

1. 多使用书面语言

要多使用书面语,避免过于口语化、随意化。班主任如果没有这方面的经验或者文字功底较弱,可以多参照一些优秀制度文本,形成一些基本的语言框架,再加入自己班的制度内容。

制度文本的标题要准确,条款要清晰、明确,语言要精练、正式、准确,让人理解起来不会产生歧义,落款、时间,一应俱全。请参看以下示例。

【案例 4-6 关于迟到的规定】

1. 认定标准:第二遍铃声结束以后进入教室(第一遍铃声结束后进入教室不处罚,但执勤班委要提醒当事人注意)。

2. 认定人:副班长。

3. 处理办法:

①扣常规评分 3 分 / 次。

②带全班早读一次。

③连续两周不迟到，可消分3分。

2. 多使用正面的、积极的语言

不要有过多负面的描述和训诫，因为制度首先不能在形式上让学生产生抵触、对立的情绪。在这个问题上，班主任一定要下功夫斟酌。中国的语言博大精深，同样一个意思用不同的方式表述出来，效果会完全不同。

我曾经带过的一个班，班委们自己制定了一个班级公约，内容还是不错的，但我发现在这个班规中，居然有二十多处使用了"不准""严禁"等字眼。我当即指出负面语言太多，再好的班规也要以学生首先能听得进、肯接受为前提，所以这份班规要改。后来，我们做了替换，把班规中所有的"你不准怎样怎样"全部变成"我可以怎样怎样"。这份班级公约后来用的标题就叫作"XX班，我可以！"。其中的几处改动如下。

上课不许随便讲话→我可以认真听课。

按时交作业，不准抄袭作业→我可以完成我的作业，可能我还需要帮助，但别人的作业绝不是我的答案，我相信自己。

诚信考试，不准作弊→我可以认真地参加考试，那是对我诚信的考验，无论我的成绩怎样，我只拿属于自己的东西。

…………

我们发现，在不改动内容的前提下，只做了语气、人称上的修改，就产生了不同的效果。

所以，制度文本的制定也是有很强的技术性的，不可随意。

班级制度文本的留存是上述班级制度体系构建的重要工作。

（二）宣传解读

制定了制度后，班主任要利用各种机会进行宣传，让制度的内容深入人心。宣传的方式很多，如黑板报、主题班会、谈话、座谈会、书信、微信，等等。其中最重要的是班主任对制度（规则）的详细解读。解读制度应该在正式的场合进行，如班会课。班主任应该让学生停下手头所有事情，保持安静，营造一种严肃的氛围，将制度内容逐条向学生进行解释。重要的、涉及全体学生的制度，应该印制文本，做到学生人手一份，让学生一边看文本一边听班主任解读，重点内容解读时要加重语气，反复宣讲，让学生做记号或笔记，以加深印象。

解读后，应该在班级的显著位置张贴、公示制度文本。这些将有助于制度的顺利执行。

（三）送达家长

班级的制度和规则不仅要求学生本人清楚，还要让所有家长都知道。因为班主任对学生的教育和管理必须得到家长的支持与配合，班级制定的一些"土政策"也必须尊重家长的知情权。

一般规定可以用短信平台或者在家长会等场合告知家长，重要的制度必须以书面的方式及时送达家长手中，并收取家长的回执，收集反馈信息。这样做，一来体现了对家长的尊重，二来易获得家长的支持，三来可以保护班主任。特别是收取回执，是必不可少的，不能随意，也不能因怕麻烦而忽视这项工作。回执上有家长的签名，要留存作为凭据。回执一般设三条内容，具体格式可参照以下示例。

【案例4-7 家长回执】

家长已收到《_____》并已仔细阅读。

①同意全部条款并督促孩子认真执行。（＿＿＿）

②对本规定中的第＿条第＿点不能认同或执行起来有困难。（＿＿＿）

③对本规定的其他意见或建议：＿＿＿＿＿＿＿＿＿＿＿＿＿＿＿＿

学生＿＿＿＿　　家长＿＿＿＿

对家长的意见要重视，对保留个人看法或提出建议的，要联系家长本人，交换意见并努力达成共识，以免在今后执行时遭遇阻力。

（四）严格执"法"

执行制度的实际操作是最好的示范。班级管理不仅要"有法可依"，还要"违法必究"。要言而有信，说到做到。在这一点上，公正地执行制度，用制度公平地赏罚、评价每个学生是第一重要的。

制度的最大优越性就是用法治代替人治，如果执行制度因人而异，那么被损害的就不仅仅是学生的感情和自尊，更是制度的公信力和班主任自身的威信和人格魅力。

有了制度，就应该严格执行，否则就成了空话甚至笑话，这样的制度有还不如没有。所以，班主任在推行制度的一开始，就应该加强执行和监督力度，"执法必严"。一项制度，总是要经过一段严格执行的过程才能在学生心里扎根，并逐步内化为学生的规则意识。"万事开头难"，所以，制度在一开始被执行的情况决定性地影响着它在后续的班级管理中发挥的效用。

（五）定期点评

对制度的执行情况做及时点评是非常必要的。它既可以提醒、督促学生养成执行制度、遵守规则的习惯，也可以让大家分享执行制度带来的成果，及时发现自己的不足，以加强制度的执行力度。要让点评成为一种常规工作但不是例行公事，富有特色和个性化的点评甚至可以演变成班级制度文化的一部分。点评人既可以是班主任，也可以是学生。学生刚开始点评时可能会紧张，甚至有点搞笑。班主任要对学生干部或负责人的点评予以指导，可以让点评人写文字稿作为辅助。时间长了，一直坚持下去，大家就会习惯，点评人的水平也会提高。比如，我带的班级一直保留"每日早点评"的传统：每天早读前由值日班长点评前一天的常规情况，提醒今天的注意事项。这样的点评，时间不长，但效果不错，"每日早点评"成为班级一天学习生活开始的标志。

（六）及时公示

点评的内容会在学生心里留下印象，但遗忘也很快。因此，公示就成为制度执行中的一个重要手段。与点评的一带而过相比，公示可以随时提醒学生和教师并能长久保留。公示应该注意时效性，越及时效果越好。班级应在教室里设常态的公示栏，各类表格由各个责任人负责填写，纸质的公示与电子稿相对应，这样班级管理制度的执行才会是规范、高效的。对制度执行情况的及时公示至少有以下意义。

①体现了民主意识。公示的结果可以随时查询，尊重学生对自己行为后果的知情权。

②加强了公众监督。公示的情况是公开的，便于大家监督，有利于制度的公正执行。

③及时发现问题并予以纠正。学生对公示的结果可以提出质询，责任人有义务解释，也有责任对错误的结果加以纠正。这样就可以很好地调节个人与集体、个人与制度之间的关系。

公示的内容和措辞必须规范，不能引起学生的反感，不能伤及学生的人格和自尊。常规检查的结果公示以表格为主。

（七）反馈改进

班级在运转中总是会出现各种问题，这些问题如果长期得不到改善和解决，将影响学生的情绪和班级健康发展。班主任在进行班级管理时，必不可少地要推行一些制度，这些制度执行的效果是显性的，但学生对此的心理反应如何，有哪些不合理的地方需要改进，这些信息是班主任必须了解的。了解和掌握这些信息，才能使班级制度中不合理的地方得到及时改进。

【案例4-8　别开生面的小组座谈会】

小组座谈会是一种非常好的民主管理制度。在需要的时候可以随时召开。

班主任可以利用班会课时间，将学生分成若干小组（每组6人为宜），组员围坐在一起议事。每组设一名记录员（可由组长兼任）。每次座谈会的议题不要多，议题由班主任设置或从学生那里征集，应是当下班级的热点话题。要在黑板上写出来或事先印好提纲分发给组员，大家就议题畅所欲言，记录员负责记录要点。座谈会最后留出一定时间，由每组的组长做总结发言，会后根据整理的会议记录汇总形成文字提交班主任。

小组座谈会对班级工作的促进作用非常明显。学生"当家做主"的感觉会很好，往往发言积极，气氛活跃，提出的建议也常常很有价值。通过这种方式，班主任可以掌握学生的思想、行为动态，也可以发现工作中的成功和不足之处。召开小组座谈会不仅可以帮助班主任收集大量反馈信息，有利于改进工作，还提供了一个交流的平台，学生可以畅所欲言，宣泄情绪，释放压力。

第五课

构建班级多元评价体系

评价的触角必须延伸到班级每个层面的学生。对学生的评价机制，随着班级的发展，有一个逐渐完善的过程，直至形成相互关联、互为补充的体系。这个体系涉及班级生活和学生发展的各个方面。评价体系建立起来后不是一成不变的，要根据学生和班级当下的情况及时做修改、调整、更新。

建立多元评价体系，不仅不会影响学习成绩这条主线，反而对学生的学业进步大有帮助。因为学生能从多元评价体系中受益，找到成就感，获得自信心。

除了自上而下、"官方"的学生评价（如"三好学生""优秀团员""学习标兵"等评选），班级还需设置一些"民间"的、自下而上的评价方法，形式可以更加新潮，机制可以更为灵活。

班级评价体系涵盖学生各方面的表现，主要包括学习成绩、常规表现、集体活动参与度、文体活动、劳动、个人才艺、综合表现等。在评价方式的创新上，应开动脑筋，多运用发散性思维，开阔视野，大胆地向其他领域借鉴成功的评价方法，将其演绎成富有自己班级特点的评价方法。

本课提供的学生评价方法是我在所带班级里正在使用或曾经使用的，是根据班级和学生的特点制定的，仅供参考。

一、学习评价

对学习，我们主要尝试了两种评价方式。

（一）学习积分排行榜

如何全面客观地评价学生的学习能力和学习成绩，是班主任普遍关心的问题。在多数情况下，这种评价被简单化了，只是以学生的考试分数或者排名为参照依据。但是，每次考试的性质不一样，考试也具有偶然性，某次考试的分数和排名不能全面反映学生的学习情况和学习能力。

采用学习积分制评价学生学习成绩是我们的一种改革尝试。

学习积分制主要参照了一些体育赛事的积分计算方法。积分，有积累成功的意思，任何大的业绩都是由多次小成功积累而成的。学生一次考试，可能超水平发挥，也可能遭遇滑铁卢，所以，单以一次考试作为评价依据肯定是不合理的。另外，学生的学习总是有强项、弱项之分，单以总分作为评价依据也是不够合理的。积分制由局部拼合构成整体，由数次积累得出最后结论的方法较为合理。

考试成绩不是学习积分的唯一来源，学生平时完成作业、参加学习竞赛等情况也纳入积分计算，以表示对学习过程和个性发展的关注。

下面对学习积分制的具体做法做一些说明。

1. 基本原则

学生完成作业、参加考试，都可以获得相应的积分。学习任务完成得越出色，积分越高。学习积分反映学生的综合学习能力与水平，并兼顾特长和发展。不管考试成绩如何，都有积分，所以积分不会出现负分。

2. 积分构成

学习积分由三个方面构成。

（1）作业积分

在开学初每个学生都有一个基本作业积分。完成一个学期各门学科的作业，就能拿到这些积分。如果不能完成，则每少交或迟交一次作业都将被扣去一定积分，因病假或事假未交作业的不扣分。作业积分由课代表统计，学习委员汇总，录入电子表格。扣除积分只是客观记录，不是惩罚手段，不能替代对不交作业学生的批评教育以及其他惩戒。

（2）考试积分

每参加一次考试就可以获得相应的积分。

考试积分的计算方法是：考试科目成绩的年级（或班级）名次 × 考试系数。

考试成绩的年级名次构成考试基本积分。例如，全年级共有 300 名学生，取得年级第一名就获得 300 个积分，第二名 299 个积分，以此类推（即"301 − 年级名次"），得到该生这门课程考试的基本积分。

考试系数即考试的重要性。重大考试的系数高，低规格的考试系数低，不同级别的考试设定不同的考试系数。（具体参见案例 5–1）

这样，每参加一门考试，就会得到一个积分，有多少门考试，就有多少个积分。积分的统计时间单位是一个学期，一个学期里学生参加的所有考试成绩汇总成他这学期最终的考试积分。

每个学生的积分从开始有积分制的那一天起一直到离开这个班级，积分计算是连续的、累加的，积分只会越来越多。

要兼顾学生的基础（已有成绩）和发展。如何操作呢？很简单，一个学期的积分计算出来后，作为这个学期评定一些学习方面奖励的依据。到了下个学期，开始新一轮积分计算时，上个学期该学生获得的积分将减半带入下个学期。这样，学生早期的成绩对后来的成绩有影响，但影响会越来越小，主要还是看发展，吃老本的学生迟早要被后起之秀超越。

（3）奖励积分

体育比赛中有规定，排名低的选手击败排名高的选手，积分就多。这是为了奖励进步设置的游戏规则。其实，学习也是这样。有的学生学习基础较差，考试成绩无法和高分学生比，但是，只要他在进步，积分制对此就应有所体现。学生进步了，不仅考试积分会提高，还额外给他奖励积分。于是，我们也设置了一个奖励积分表，名次进步越大，获得的奖励积分越多，而且不是固定比例的，因为提升的名次越多难度越大，奖励积分就越高。

奖励积分的来源之一是参加各类学科性的竞赛（包括征文比赛）。只要参加竞赛，即可获得基本积分；如果获奖，按照竞赛级别计入积分。这对单科成绩较好或者有特长的学生也是一种鼓励和认可。

学习积分制并不是完美的评价方案，只是改革学习评价机制的一个阶段性结果。学习积分为班主任提供了学生学习方面的一些具体信息，特点是注重学生长期表现、综合表现，兼顾单科发展。

有人觉得学习积分计算起来很麻烦，实际上，用 Excel 表格软件做统计是很方便的，找一个学生（如学习委员）专门负责即可。每次考试成绩反正是要录入电脑的，复制后用公式计算一下即可，花不了多少时间。

3. 积分的作用

首先，学习积分为班主任全面评价学生的学习能力和水平提供了依据，总分可以综合反映一个学生的学习状况，单项积分又能反映学生的学习态度、学科特长以及学习进步状况，评价时可分可合。用数据说话，相对比较客观，可以避免主观和随意地评价学生的学习情况。积分还可以为奖励学生提供参考数据。

其次，学习积分具有稳定性、连续性，便于观察、研究一个学生在校期间学习全程的状况，制定适合该生发展的个性化方案。

最后，只加不减的计算原则让积分始终处于增加状态，能发挥制度的激励作用，让学生能在不同程度上体验成功。积分计算的依据多元化，为每个学生都提供了拿分的机会，即使学生在考试总分上并不占优势，但依然可以从奖励积分中得到很多加分机会；即使某次或某门考试成绩不理想，对他的总积分影响也十分有限，这有利于稳定学生的心态。

有了积分，就可以此激励学生。学生平时可以很方便地查询自己的积分，如果需要，每半学期可以公布一次积分排行榜，通常是公布排行榜前十名，学生对此也颇有兴趣，感觉自己像职业运动员一样。有时候，同一件事用比较有趣的形式来做，会给人耳目一新的感觉。

积分计算的方法对学习成绩稳定的学生有利。学习积分制注重对学生学习过程的管理，这是符合学校教学宗旨的。

下面附上我曾经实践过的《学习积分制方案》，并做两点说明。

①本方案仅适用于本班，大家可以借鉴思路，具体规则要根据本地区和自己班级的实际情况制定。

②学习积分制比较适合中学，小学阶段要慎用。

【案例 5-1 学习积分制方案】

学习积分由作业积分、考试积分和奖励积分三部分构成。

一、作业积分

1. 每个学生在开学初都有 200 个作业积分，完成本学期各门学科的作业，就能拿到这些积分。

2. 每少交一次的作业将被扣 2 分，迟交一次作业扣 1 分，扣完为止。

3. 作业积分由课代表统计，学习委员汇总，录入电子表格。

二、考试积分

1. 学期初始每人学习积分为 0 分，每次考试成绩都有相应的积分。

2. 每次考试的积分计算方法为：基本积分 × 考试系数（见下表）。

基本积分：301 − 年级名次（本年级 300 人）。

考试系数表

考试性质	考试系数
月考（或校内考试）	1.0
期中考试（或区统考）	1.5
期末考试（或市统考）	2.0

注：如果某同学因病或因事缺席某次考试，则该同学本次考试的基本积分计算方法为：上一次同科目考试基本积分 ×0.75。

三、奖励积分

1. 学科竞赛获奖（含征文），奖励积分按下表计算。

级别	参与	一等奖	二等奖	三等奖
国家级	30	400	300	200
省市级	30	200	120	90
区　级	30	120	90	60
校　级	30	90	60	30

2. 期末考试总分年级名次有进步，奖励积分按下表计算。

上学期期末名次	本学期期末名次				
	100 — 149	51 — 99	31 — 50	11 — 30	前 10
149 名以后	30	60	100	180	300
100 — 149	—	30	60	100	180
51 — 99	—	—	30	60	100
31 — 50	—	—	—	30	80
11 — 30	—	—	—	—	30

四、其他规定

1. 如果出现任何一次考试作弊情况，该同学的考试积分清零。

2. 每次考试结束后，由学习委员统计、更新积分，同学可以自由查询。

3. 考试积分以一个学期为计算周期，进入下个学期后，上学期的积分减半带入下个学期的积分计算，以此类推。

（二）班级"大力神杯"

国际足联世界杯已成为一种世界文化，大力神杯是这种文化的符号，代表至高无上的荣耀。四年一届，100 多支球队角逐，只为那一个顶级的桂冠。尽管绝大多数球队永远难以企及，却依然无法阻止人们对它狂热的追逐。每个人都有追求梦想的权利，也有权利为此而不懈努力。得到与得不到，与努力的价值无关。

高超的技艺，刻苦的训练，上下众志成城，历经千难万险，还要有些运气，方能捧杯凯旋。且慢！你不可以永久拥有这份荣耀，四年之后，再度展开厮杀，大力神杯花落谁家，是一个永远的谜题。而在此期间，预赛、附加赛等，让竞争的热情一浪高过一浪。

大力神杯只属于冠军，屈居第二便无此殊荣。一切全凭成绩说话。没有人说，拿不到大力神杯我就不玩了。纵使每次惨遭淘汰，但收拾伤痛，四年后依然卷土重来。

这就是世界杯。唯一性、高度的竞争性、流动性、不确定性，构成了大力神杯的超级魅力。

我对世界杯现象思考过很久，深深理解了它的神奇。

班级也应该有这样一种文化现象，将竞争变得更加有趣，让优秀者有更多的高峰体验，让所有人不放弃对冠军梦想的追逐。这不是分数至上，只是班级多元文化中的一种。

于是，我定做了一座水晶奖杯，取名"阳光雨露杯"。因为每次只授予取得重大考试第一名的学生，所以，又叫"冠军奖杯"或"状元杯"。虽然每次仅一名得主，但是，得不到的学生也会很感兴趣，常借来奖杯把玩、摩挲一番，以期能沾一点儿冠军的好运。

物以稀为贵，为了保持"阳光雨露杯"有足够的含金量，奖杯一学期只颁发两次，分别在期中考试和期末考试后。获奖者将暂时拥有这座奖杯。如果本次获奖者在下一次重大考试中不能蝉联冠军，奖杯则会被移交给下一任冠军。届时要举行简短的交接仪式，由上一届冠军给新任冠军颁发奖杯，新老冠军握手，奖杯得主发表获奖感言。每到此时，都会在班级里引发一阵轰动。正如我预期的那样，随着颁发次数的增多，"冠军奖杯"融入了班级文化。

二、综合表现评价

学习之外是综合评价。

（一）每周感动班级人物

在班级生活中经常会涌现一些好人好事，或者被老师表扬，或者被学生发现。班级专门设置"好人好事记录员"，将这些感动班级的瞬间记录下来，每周由小组提名，表彰本周的班级好人好事，取名"每周感动班级人物"。因为获奖人数比较多，可以不发奖品，但要通报家长，让家长分享孩子的良好表现。同时，利用班级的一些媒体，如黑板报、海报、白板等，予以表扬。学生的事迹记录要留有电子稿（见表5–1），保存于学生的电子档案中，作为期末评选"三好学生"、写评语、对学生做综合评价时的参考。

表 5-1　班级好人好事记录表

日期	星期	人物	简要事迹

（二）班级月度风云人物

1. 创意由来

在班级里，每个月评选班级月度风云人物是一项比较有特色的主题活动，很受学生的喜爱和关注。

班级月度风云人物，就是在一个月时间内班级里表现最令人瞩目的学生（或者团队、组合）。这种令人瞩目，并不特别限定内容，是一个综合性奖励。有些学生在某个阶段，或者在某些活动中表现非常抢眼，或者因为做了一件引起较大反响的事而成为"班级明星"，若放在以前，因为没有与之相对应的奖励，热闹一阵也就过去了。一般学校、班级的各种评奖、颁奖都集中在重大节日和放假前，时效性差，难以发挥有效的激励作用。一些学生在某个时间段或某件事上的优异表现放到一个学期长的时间里最后往往很难得到表彰。有了这项活动，评选机制变得更加灵活，奖励也能更加及时。

2. 评选方案

活动创意是不错的，但在操作上仍然有很多需要注意的地方。其中重要的是制定严格的规则。没有规则，这个活动可能就演变成一场闹剧。"风云人物"首先是要树立正面形象，只有做好事、有积极表现的人才能入选。这一点需要严格把关。月度风云人物候选人产生办法是"个人申报、小组推荐、班委会审核推荐"。具体操作程序如下。

①个人申报。每个月的第一个星期为上一个月月度风云人物申报时间，任何个人或组合、团队均可自行申报，也可以为别人申报。申报采用书面方式：向班长领取申报表，按申报表要求如实填写并在申报截止时间（每个月第一个星期的星期五下午放学）之前递交班长或班主任。逾期申报无效。

②小组推荐。6人小组经讨论提名推荐候选人。

③每个月第二个星期的班委、团支部联席会议，审核申报情况并确认入围名单。班委会、团支部和班主任亦可通过讨论联合提名风云人物的候选人。

④确定候选人后在全班公示。

这样操作可以确保入围的都是优秀的人物和事件。每次班委会讨论都会产生多个候选人。为保证质量，一般会最终确定2—4个正式入围者。偶尔遇到争执不下的局面，就采用投票的方式决定。

产生入围候选人后，召开班级大会，向全体学生通报推荐理由和他们的主要事迹。以小组为单位进行投票，得票最高者当选月度风云人物候选人，其余候选人获得月度风云人物提名奖。

3. 上榜理由

评选班级月度风云人物是一项诞生"平民英雄"和"班级明星"的活动。自活动开展以来，很多学生都当选过月度风云人物（包括获得提名奖、团队获奖），他们的获奖理由往往非常有趣，选编几个如下。

—— 创办班级报纸。

—— 连续八次考试在年级名列前茅。

—— 获得全国地理科技知识大赛一等奖。

—— 学习上取得重大进步。

—— 省青少年游泳比赛冠军。

—— 在学习上无私地帮助同学。

—— 为灾区捐赠冬衣。

—— 每天为班级关灯、关门、关窗。

—— 为班级粉刷墙壁。

—— 擦黑板明星、扫地明星、讲台保洁明星。

—— 逗大家开心。

由以上获奖理由可以发现，多元评价的理念已经在班级生活中得到了较好体现。这些获奖者都是由同学提名推荐、班级大会通过的，所以有很高的认同度。他们因为自己骄人的业绩和令人感动的行为在班级里广受赞誉，树立了自己的新形象。每个人都有机会成为班级的明星，这才是班级月度风云人物深入人心的最大原因。

4. 表彰办法

评审小组会请专人为获奖者撰写颁奖词，颁奖词撰写人可以是获奖者的好友、提名的小组或班委会成员。利用班会课时间颁奖，向获奖者（包括提名奖获得者）颁发荣誉证书和纪念品、宣读颁奖词，获奖者发表获奖感言。

宣读颁奖词是整个评选活动中最精彩、最励志的环节。颁奖词的撰写要求贴切、温馨、感人，既能让获奖者觉得温暖，又能催人上进。举例如下。

【案例 5-2　各种颁奖词】

1. 月度风云人物：光荣的刷墙手团队（10 人）。

上榜理由：将班级教室的墙壁粉刷一新。

颁奖词：你们伟大的创作，将原来脏了的墙壁变成了一张白纸，让我们的世界从此变得洁白、纯净。我们从这里开始，描画班级未来最美丽的画卷。

2. 月度风云人物：王甜甜。

上榜理由：创办了班级第一份报纸《花季雨季》。

颁奖词：你之所以成为班级的风云人物，并不仅在于那一张精美的报纸。你的微笑让所有人感到温暖。甜甜，人如其名，班级生活因你的融入而甘甜如蜜！

3. 月度风云人物：刘沁。

上榜理由：荣获第五届"地球小博士"全国地理科技知识大赛一等奖。

颁奖词：机会总是在人不经意间溜走。而你，因一贯的执着和认真，所以能把握住生命中的各种机会。向上，向上！你的成功是对自己付出的最好回报，也是其他人可资效仿的榜样。

4. 月度风云人物：丁浩秋。

上榜理由：在进入高二后第一次大型考试中勇夺总分年级第一名。

颁奖词：你并不张扬，但所有人都能感知到你的力量；你并不抢眼，但你一直是潜伏在高手之中的高手。你是平凡的，但你的身上总有一种坚韧的力量，可以战胜一切艰难。

5. 月度风云人物：富婧。

上榜理由：向青海玉树地区贫困学生捐赠了大量冬衣。

颁奖词：让爱的暖意流淌在青藏高原。感谢你无私的付出！

6. 月度风云人物：梁宵。

上榜理由：每天最后一个离校，检查卫生，排好桌椅，关闭电源，锁好门窗。

颁奖词：每天最后一个离开的是你，每天为班级守护安全的是你。你是班级卫生的最后一道防线，也是最亮丽的一道风景线。你是班级常规优胜的可靠保障。我们因你而幸福！

对月度风云人物的其他表彰方法还有：

①与校长合影留念。

②为获奖者制作精美海报，在全班展出一个月。

③在班级报纸上予以报道并成为报纸的"头版人物"。

④获得加分。

⑤事迹载入个人电子档案。

评选月度风云人物体现了班级的核心价值观。

（三）感动班级年度人物

1. 评选方案

当月度风云人物的评选变成一种班级常态的文化现象后，每个月就能产生数个阶段性表现突出的学生，而且是全方位的，不仅限于学习成绩。这为年终评选感动班级年度人物打下了坚实的基础。

月度风云人物评选条例规定，每个月的月度风云人物都将自动成为感动班级年度人物的候选人。这样，一项有趣的评选就变成了一个系列活动，贯穿于班级生活的每天、每周、每月、每年，把人心紧紧地拢在了一个集体中。这一系列活动的高潮，当然就是感动班级年度人物的评选与表彰。

感动班级年度人物评选方案如下。

【案例5-3 "感动班级年度人物"评选方案】

1. 候选人产生方法

（1）班级月度风云人物当选者及提名奖获得者直接进入感动班级年度人物候选人名单。

（2）班主任和全体班委会成员组成初评小组，初评小组可补充提名候选人。

（3）由初评小组根据上述第（1）（2）条的方法产生年度人物候选人，公示3天。

2. 感动班级年度人物产生方法

公示期间，如果对候选人有异议，可向班主任提出。公示期满，组织全班学生和科任教师投票，产生感动班级年度人物。

（1）全班学生对候选人投票。每人一张选票，可以选5位同学，请在你最认可的同学名字后面标出"★"，其余四个名字后打"√"。每一个★计3分，一个√计1分。★和√的总数除以投票人总数即为该候选人的支持率。

（2）支持率在50%以上，总得分前5名的学生将获得提名。支持率不足50%的候选人不能获得提名。

（3）科任教师对5个被提名人投票，限投1人，每票计10分。

（4）上述（2）（3）两项分值相加，得分最高者当选感动班级年度人物，其余4人将获提名奖。如果分值相同，获得★数多者排名靠前。

制定这个评选方案时，借鉴了国际足联金球奖的评选规则，尊重了学生和教师的意见，考虑到了各种选票的权重。所以比较合理、公正，学生也认可。

走完上述流程，有 5 名学生获得提名。被提名者各有各的理由，来自正统的"品学兼优"概念自然占据主导地位。但是，这类评选中有一个重要元素是不可或缺的。而这个元素在传统的评选中往往是被忽视的，那就是人气。人气代表了大家对一个优秀学生的认可度，是来自大众的声音。以往的评价，是自上而下的，符合既定条件，上面认可了就行，并不考虑当选人的群众基础。这种方式往往会造成一种怪相，就是被评为先进的学生并不被同学待见，中学生普遍存在的逆反心理也加深了这种矛盾。但是，如果完全由学生海选，教师发挥不了引导的作用，同样也可能会使这样的评选含金量不足。

制定感动班级年度人物的评选规则，就是综合考虑了这些因素。既要选出优秀的、能代表班级形象的学生，这样的学生也必须得到大家的广泛支持。比如，获得 2012 感动班级年度人物提名的张同学，虽然学习成绩不算拔尖，但她一直很热心地帮助同学探讨、交流学习上的问题，并愿意花时间去耐心解答同学们的疑问。这样的学生就比那些自己学习好，却很少帮助别人的学生人气要高得多。

入选的学生，无论学习成绩怎样，他们都有一个共同特点，就是积极参与班级事务，热情帮助同学。所以，大家把选票投给了他们。没有第一轮的学生投票，就不可能被提名。这样，即使教师再欣赏、成绩再优秀的学生，也不可能有机会当选。

根据上述规则，每位候选人会有两项指标，一个是分数，另一个是支持率，支持率不到 50%，即使排在前 5 名，也不能进入最终评选。有了同学的支持，再加上教师重要的一票（每票 10 分），感动班级年度人物才有足够的认可度。

被提名的 5 名学生都很优秀，虽然最终只有一名能当选感动班级年度人物，但获得提名奖已经很了不起，所以对他们也是有奖励的。

2. 表彰方案

针对获得感动班级年度人物奖的学生，我们制定了以下表彰方案。

1. 奖牌一面。

2. 颁奖词一份，由指定撰写人撰写。

3. 纪念品一份。

4. 给家长的一封报喜信。

5. 特别制作的海报一张，全班展出。

6. 记入毕业鉴定。

7. 直接当选"三好学生"。

8. 召开主题班会予以表彰。

获得提名奖的学生也将获得荣誉证书和纪念品一份。

3. 评选感动班级年度人物是班级成长史中的重大事件

感动班级年度人物评选不仅仅是一项评选活动，更是一种评价机制，整个活动历时一个星期，成为学生热议的话题。在此期间，通过班级月度风云人物事迹展示回顾、候选人提名理由公示、投票等活动，实际上是在回顾一个班级一年来走过的路。这是一条充满感动、充满正能量的路。这样的事件势必会对学生的成长带来影响，这样的集体生活也充满了温暖。

以 2012 年的感动班级年度人物评选为例。经过两轮角逐，徐同学最终当选。而她刚刚进入班级时，却是一个名副其实的丑小鸭，成绩不理想，害羞而缺乏自信。经过一年磨合，她已成为全班耀眼的明星 —— 个性阳光，开朗幽默，多才多艺，是班级多项活动的组织者和积极参与者；平时特别爱帮助同学，深得大家喜爱。因为她做的好事多，所以在一个学年中曾四度入选班级月度风云人物，在另一项"感动班级十大事件"评选中也有四件与她有关。由此可见，她在班级事务中有举足轻重的地位。该学期又因为成绩进步显著获得了学习最佳表现奖。她的当选可谓众望所归。

当徐同学站在讲台前发表获奖感言时，她的眼光中闪耀着喜悦和自信。她谈到了刚刚来到这个班级时的陌生感觉，以及后来班级和自己的变化，感慨万千，幸福感溢于言表。下面的同学也都把热烈的掌声送给她。一个平民英雄就此载入班级发展史。

班主任就要像星探一样，用一双"发现的眼睛"不间断地扫描全班同学，发现他们微小的闪光点和发展潜能，提取、放大、强化、巩固，班级也因此增光添彩、星光璀璨。当我们把一个普通学生发展为"明星"后，不仅对他自己有重要意义，对周围学生的影响也是巨大的。感动班级年度人物的评选就是班级系列"造星运动"的高潮。

（四）感动班级十大事件

对班级中涌现出的好人好事，可以换一种形式，用评选"感动班级十大事件"（或"N大事件"）的方式予以表彰。评选活动每学期进行一次。

这项评选与上述月度风云人物和感动班级年度人物有两点不同。一个是以评选事件为主，因事成人；另一个是前两项评选的对象都是学生，而"感动班级十大事件"，教师的感人事迹也在参评之列。教师的参与，体现了感谢师恩的意蕴，丰富了评选内容，也让这项评选别具魅力。

为防止投票分散、提名含金量不足，评选采用先由小组推荐，初步确定入选事件，最后用差额投票的方式一次性产生获奖名单。

【案例5-4　第二学期"感动班级十大事件"入围名单】

1. 数学王老师长期坚持义务辅导学生。

2. 成功举办主题班会公开课"师话实说之王老师访谈"，感动全班同学和所有听课教师。

3. 已经不在本校任教的语文葛老师专程来看望同学并带来礼物和美好祝福。

4. 在徐同学、梁同学精心准备、主持和大家的积极参与下，成功举办"班级好声音"主题班会。

5. 徐同学、陈同学、尹同学冒着风雨为全班同学复印试卷。

6. 周同学、纪同学坚持每天为全班同学收纳垃圾。

7. 董同学、唐同学、王同学、吴同学积极参加校运动会的长跑比赛并取得一项冠军。

8. 徐同学定期买来烤鸭为同学们改善伙食。

9. 吴同学、梁同学为班级精心准备、主持集体生日会。

10. 苏同学以优异的学习成绩为全年级树立了榜样。

11. 赵、丁、林、闫、陈同学每天为班级烧开水。

12. 付同学、张同学每天在后黑板为同学们抄写数学补充习题。

13. 在全班同学、老师的共同努力下，班级获得市"中学生先进集体"光荣称号。

14. 梁同学每天最后一个离开学校，为班级做最后的检查并关好门窗，保证了班级卫生和安全。

从以上列举的入围事件中，我们可以发现，这项评选同样涉及班级生活的方方面面，肯定大家对集体、对他人的奉献精神，充满正能量。教师事迹的入选成为一大亮点。

（五）关心集体奖

为表彰班级中关心集体、热情助人的同学，专门设置此奖项，半学期或一学期评选一次。入选标准与学习成绩无关，只关注热心班级事务、乐于奉献的学生。

奖励分两个等级。

①关心集体奉献奖。用于奖励在班级工作中认真负责、在承包的岗位上做出成绩，得到大家一致认可的学生。

②关心集体特别贡献奖。每学期1—2人，在符合上述条件的学生里好中选优，予以特别表彰。

【案例 5-5　最高奖赏】

班级组建三个多月了，从炎炎夏日一转眼到了初冬季节，学期已过半，按惯例，要对学生进行中期表彰。

表彰的依据是那份电子表格——班级学生电子档案。档案上详尽记录了每个学生成长中的点点滴滴，不论是学习，还是体育比赛、集体活动、班级工作，都清清楚楚。所有获奖者都是自动生成的，所以，确定表彰名单并不费事，我很快就列出了获奖名单和获奖级别。

由于学生在学习和各项活动中的表现都非常出色，得奖的人很多，有人同时获得几项奖励，所以获奖人次超过了班级人数。但也有少数人两手空空，因为实在想不出名目来表彰，也就只能宁缺毋滥了。

为了最大限度地发挥奖项的激励效应，我们确定获奖人员名单的原则是获奖学生的面要尽量大一些，但也必须师出有名，否则普遍地洒香水，人人都得奖，那就成了另一种形式的吃大锅饭。

星期五颁奖那天就像是全班的节日，学生们都很开心。中午时分，班上几个写字好看的学生忙着写奖品扉页和获奖证书，因为数量多，忙了整整一个中午。下午最后一节课是班会，是颁奖时间，讲台上堆满了奖品和证书。简单小结后，我开始给学生颁奖。

奖励分成三个级别，奖项设置了四个，前三个是常规的：学习类、体育类和活动类。

颁奖时，我逐一报出获奖学生的名字、获奖理由、获奖级别，都是用很慎重的语气播报。因为是第一次颁奖，所以，我还要训练学生领奖的礼仪，否则他们可能会单手拿了奖品转身就走。我说这样领奖可不行，很不礼貌，我相信大家以后一定还会经常上台领奖，必须懂得相关的礼仪。我要求他们必须双手接过奖品，微微鞠躬，同时对颁奖者轻声致谢，态度要诚恳、正式，不得嬉皮笑脸或漫不经心；台下的观众要对获奖者报以掌声鼓励。整个颁奖过程气氛热烈但正气十足，反映了学生良好的素质，这是很让我感到欣慰的。

随着班会的进行，越来越多的学生上台领到了奖品，拿到奖品和证书的学生个个兴高采烈，但我更注意到没有获奖的学生在这个氛围下显得有些落寞。我一直在鼓励那些没有拿到奖的学生——一定要努力，只要你努力，就一定会得到认可，也就一定能够得到属于你的奖励。是的，这次发奖的面之广、获奖人数之多是班上学生始料未及的，他们原以为还是和初中一样，给学习成绩前几名的同学发个奖就完事了，和大多数人无关。现在大家看到，无论是在学习、体育还是劳动方面，即使取得了微小的成绩，甚至只要积极参与就能得奖。我想，这是这次发奖让学生感触最深的地方。比如，我们有一个奖项是这样设置的：运动会期间我们要求学生为班级写宣传稿件，还成立了宣传小组，但大多数人也仅仅是应付差事，完成任务而已。这次我们却对写稿最多的两位学生予以了表彰。我想，这样的做法，一定能对班级的风气有导向作用。

眼看着讲台上的奖品和证书即将发完，绝大多数人都没有想到，这次我们还设置了一个奖项——关心集体奖。这个奖项将授予开学以来对班集体建设做出突出贡献的学生。我有意等到前面的奖项全部发完，稍作停顿，等底下的学生兴奋的情绪平复一点后，才开始发这个奖。

这是班级的最高荣誉，我强调，这是比考试得第一更光荣的奖项。考试成绩属于个人，而我们评价一个同学，不仅要看他的成绩、看他的表现，还要看他对我们这个集体是否关心、对同学是否有爱心，我们要把荣誉授予这样的同学。

为表庄重，这个"关心集体奖"是有颁奖词的。在颁奖词中，我要把获奖理由表述得十分清楚。这个大奖由四名学生分享。前三名没有任何问题，众望所归，学生为每位获奖者报以热烈的掌声。到最后一位时，教室里再次安静下来，学生都在等待谜底的揭晓。但是，所有的人都没有想到，这位得大奖的同学，原来是他！

"最后一位获得关心集体奖的同学，也是我们班这次表彰中分量最重的，是大奖中的大奖——关心集体特别贡献奖。我们把它授予——张鹏！"

全班学生静默了，似乎还没有明白是怎么回事。

我继续说道："刚才前三位都有充足的获奖理由，而张鹏同学获得这个大奖，需要理由吗？！"

大家在一瞬间都反应过来了："不需要！"随即热烈的掌声响起。

是的，张鹏，一位很普通的同学，没有任何职务，不爱多说话，学习成绩平平。在班级里，他是很容易被忽视的——每个班级，都有这样的学生。但就是他，每天最早到学校，为同学们开门，每到体育课、实验课、出操，只要大家一离开这间教室，他总是最后一个走，谨慎地锁上教室的门，为全班同学带来一份安心。开学至今，班上没有丢失过任何一件东西。大大咧咧的同学总是会把自己的物品随意地放在教室，但是，因为有了张鹏，我们不必为此担心，因为有了他，教室成了最安全、最让人放心的家。开运动会，当所有的同学都在为冠军们喝彩、所有的同学都自由地吃着零食喝着饮料时，有谁会注意到，是张鹏带来了扫帚和簸箕，在大家离开后默默地清扫——尽管我们班的地盘上垃圾是最少的。

我们是不是总是忽视了身边这些小小的感动？因为它太普通、太不起眼了。

但是，我告诉所有的学生，在我们这个优秀的集体里，没有任何人可以被忽视，尤其是张鹏。我们所有人，都要感谢他！

张鹏在大家的一片喝彩声中上台领取了最高奖赏。我不知道他会怎么看待这次获奖，但我知道，我们永远不会忽视好人的存在。"是的，你应该得到这份大奖——为你长期以来对班级默默无闻的奉献。如果我们遗忘了你、忽视了你，那我们就不配称作优秀的班集体，因为支撑这个集体的，不仅是那些张扬、耀眼的明星，还有像你这样的纯朴而有责任感的普通孩子。"

而此时热烈响起的掌声，也证明了，这个班级可能不是最优秀的，但一定是正直、健康的集体。我为能带这样的班级而骄傲！

评价的指挥棒效应对班级风气的形成有很好的导向作用。一个班级最关注的是什么，班级最需要弘扬的是什么，什么样的学生可以在班级里获得较高的地位，可以让学生终身受益的品质是什么，这些都是需要班主任在构建评价机制时重点考虑的。

三、多元评价体系的构建方法

班级生活多姿多彩，评价也应是多种多样的。需要鼓励什么，就可以设计相关的评价；需要遏制什么，也可以设计相关的评价。这样，好人好事得到好评，不良行为得到差评，正气得以弘扬，歪风邪气受到打压。班主任应多考虑用评价制度促进优良班风、学风的形成。以奖励学生为例，下文给出 4 条建议。

（一）量身定制

奖项的设置并不是固定的，可以根据需要设置。挖掘到学生的闪光点后，可以为这些学生量身定制一些奖励。学生可能并不知情，你的方式是不留痕迹的，你规定的奖励条件正好把他"套进去"，以达到激励的作用。

比如，学习评价，按成绩评定没有问题，但不够全面，可以做一些拓展。

绝对成绩不高，可以看进步程度。这样，要有多大的进步幅度可以得到奖励就在你的掌握之中了。

总分没有进步，可以看单科。

每次进步不大，但持续小幅进步也可以奖励。

保持住成绩的可以发"坚守奖"。

自己参与设定进步目标，经班级认可后，达到或超过目标的，可以设"达标奖"或"推进奖"。

原来很差，这次考得很不错，成绩大幅度提高的，可以设"黑马奖""最佳表现奖"或"最佳新人奖",等等。

进步的幅度、进步的名次、持续进步的次数、进步的科目,都可以作为设奖的依据。

成绩不突出,但表现很不错的,可以从这方面找闪光点。

表现很一般,但对集体很热心,对同学很热情的,也可以奖励。

奖励要有指向性,为了激励学生,不需要人人有奖。事实上,有一部分人得不到奖,才能让得奖的人更有成就感。

所有的奖励,必须师出有名。所以,要暗地里做功课,规则则要公开。

(二)"巧立名目"

奖项的名称也很有讲究。同样一个奖励,如果有个好听的名字,会增色不少。这方面可以开动脑筋想一想,也可以集思广益,或从网络上借鉴一些。

比如运动会表彰。如果班上很多学生都积极参与,名次也拿了很多,要是逐一发奖,学生参加了三项,教师就要发三份奖品,负担就重了。这种情况就可以不按照参加项目或得到的名次发奖,而是设置奖项,按人发奖,不重复得奖,这样就简单了。不仅奖励得到名次、拿到积分的学生,更要重视赛场上的拼搏精神,也鼓励那些积极参与却没有得到名次的学生。比如,一名学生,运动成绩不怎么样,但勇敢地报名参加长跑比赛,虽然没有拿到名次,但竭尽全力坚持到底,其精神感染了大家;另一名学生天生力气大,不费吹灰之力就拿到掷铅球项目的冠军。这样两名学生都需要奖励,但你不能说长跑的就比掷铅球的学生贡献小。毕竟这样的比赛和高规格的田径比赛不同,精神鼓励更重要。所以,可以设置以下多种奖项。

①最佳表现奖。

②最佳贡献奖。

③顽强拼搏奖。

④突出表现奖。

⑤优秀表现奖。

⑥团结拼搏奖。

如果这样设奖，那么跑长跑没有拿名次但精神可嘉的学生可以得"顽强拼搏奖"，掷铅球得冠军的学生可以获"突出表现奖"，名称不同，但奖品是一样的，同属于"二等奖"规格；参与一般项目没有得到名次的学生可以获"优秀表现奖"；参加团体项目比赛（如广播操）的学生，可以获"团结拼搏奖"；等等。

（三）花样翻新

一个好听的名称，加上一个别致的奖品，效果往往就很好。

奖品不在于价格多少，关键在于它的意义。有时候花钱多效果却不一定好。能发出什么奖品，一看班级经费，二看创意。有些班级没有钱，就另外想办法。比如，奖项由班主任和家长商量设置，奖品家长购买，奖励给自己的孩子，既省钱又增进亲子关系，效果特别好。有些班主任喜欢自己掏钱奖励学生，这也要看个人的财力和境界，不能强求，也不好推广。总之，有多少钱办多少事，原则是要尽量花钱少效果好。

其实，不花钱的奖励也是很多的。下面举几个例子。

①用名字奖励。用学生的名字命名某样东西、冠名某项活动，把被奖励的学生名字写在黑板（报）上。

②给学生拍照留念（如让优秀学生和校长合影的奖励方法）。

③班主任亲笔写一封表扬信。

④送给学生一件班主任自己的东西。

⑤奖励学生自由时间。

⑥在评语中写上奖励的话。

⑦免检某项作业。

⑧获得某项活动的优先权（我曾经用座位选择权奖励学生）。

⑨向学生致谢，并把感谢的话写下来公布。

⑩撰写温馨的颁奖词。

流动性奖品，获奖人可以变化，但奖品只有一个，轮流拥有（比如前面提及的"阳光雨露杯"）。这样，奖品只要购买一次，即可长期使用。

授予荣誉称号，比如"感动班级人物""本周班级之星"等。

其实，奖品本身的价值都是有限的，主要是它的附加值，奖品要有人文价值。

给学生发奖，考验的是班主任的心思和智慧。

（四）完善体系

班级评价不应随意、零散，要在班级发展中形成体系，保持一定的稳定性和连续性。评价体系可以按照一定的序列逐步构建。举例如下：

1. 班干部团队评价

①最佳班干部；②优秀班干部；③班级管理奖；等等。

2. 劳动评价

①劳动示范岗；②劳动明星；③岗位能手；等等。

3. 班级工作评价

①优秀课代表；②优秀组长；③优秀板报（小组）；④班级活动积极分子；等等。

这些评价全方位发掘学生的闪光点并予以强化，充分激发人的正能量，也让班级管理充满人情和活力。

我自己带班时常用的一些评价方式如表 5–2 所示，供参考。

表 5–2　班级评价方式表

类别	名称	备注
综合表现	每周感动班级人物	每周一评
	班级月度风云人物	每月一评
	感动班级年度人物	每学年一评
	感动班级十大事件	每学期一评
	班级好人	不定
	关心集体奖	每学期一评
	关心集体特别贡献奖	每学期一评
学　习	阳光雨露奖学金	每学期一评
	阳光雨露杯	半学期一评
	学习积分排行榜	半学期发布
	最佳表现奖	半学期一评
	坚守奖	半学期一评
	超越奖	半学期一评
	持续推进奖	半学期一评
	达标奖	半学期一评
	单科特别奖	半学期一评
	最佳师徒组合	每学期一评
劳　动	劳动示范岗	每学期一评
	劳动明星	每学期一评
	爱岗敬业奖	每学期一评
	岗位能手	每学期一评

类别	名称	备注
体　育	最佳表现奖	运动会后评
	最佳贡献奖	运动会后评
	顽强拼搏奖	运动会后评
	突出表现奖	运动会后评
	优秀表现奖	运动会后评
	团结拼搏奖	运动会后评
常规表现	守纪奖	每学期一评
	全勤奖	每学期一评
	最佳拍档（同桌）	每学期一评
	友爱奖	每学期一评
	守时奖	每学期一评
	尊师奖	每学期一评
班级工作	优秀课代表	每学期一评
	优秀组长	每学期一评
	优秀板报（小组）	每学期一评
	班级活动积极分子	每学期一评
	岗位能手	每学期一评
班级管理	最佳班干部	每学期一评
	优秀班干部	每学期一评
	班级管理奖	每学期一评

第六课

营造良好班风

一、总论

班风是由班级成员共同营造的一种集体氛围。它反映班级成员的整体精神风貌与个性特点，体现班级的外部形象与内在品格。

班风建设是班主任工作的重中之重。良好的班风是一种气场、一种文化，具有强大的力量。良好的班风能让走进这个班级的人感到舒适，能让生活在这个班级的人感到幸福。正气占据绝对上风，歪风邪气就没有立足之地。有了这样的氛围，班级就能获得持续发展。班风不仅对每个身处其中的人的言语和行为有无形的约束力和导向性，也影响一个班级的整体发展方向。

班风建设要有一定的切入点和方法。

第一，行动方向必须正确。

在建设班风的行动中，班主任要始终面向全体学生，要把学生放在首位。任何工作、任何行动、任何方法，都不能伤害学生。

在建设班风的努力中，大方向不能偏，否则，工作越多，走得越远，伤害就越大。

第二，班主任的工作心态要好。

良好的班风不是短时间就能"打造"的，它是在师生双方的共同努力下，在班级的发展过程中，逐步营造的。班主任对这项工程所耗费的时间、工作量和工作难度都要有充分的思想准备。

班主任如果功利心过强，试图在短时间内就取得很好的成绩，行动上势必就操之过急。没有很好的师生关系和情感做基础，片面使用高压政策，治班用重典，师生关系就会紧张，甚至会逐渐走向学生的对立面。

教育是慢的艺术，营造班风，也是慢的艺术。班主任只有把心态摆正了，行动上才能不疾不徐，有条不紊。

下面具体讨论班风建设的时机和方法。

二、接班之初，确立班风大格局

良好的开端是成功的一半。创建班风的工作是从班级组建的第一天开始的，甚至是没有开学就开始的。班主任新接班（包括中途接班）是班风建设最重要也是最好的时机。开学的第一个月，就要确立班级风气的大局。

（一）用学生的优点在班级树正气

班风是一个班级的气场。这个气场不是仅靠班主任强压、说教就能形成的。在班风建设中，班主任主要是发挥引导作用。在班主任的巧妙引导下，班风从学生的体验和感受中逐渐生成。所以，接班开始，班主任就要大力表扬班级里做得好的学生，引导学生认识在自己的班级里什么是好的、什么是不好的；怎么做，会得到老师、同学的认可和表扬，做什么会受到大家的批评。在学生相互接触、了解的过程中，逐步把班风建设的理念渗透进去。

树立正面典型形象，对班风有很大的引领作用。树典型也要讲究智慧。如果典型都是班主任指定的，这些典型就有可能会被学生视为异类遭排挤。比较好的方法是自下而上地选出"班级明星"予以宣传。可以定期开展一些"民间"评选活动，如"感动班级人物""身边的好同学"等，票选出学生心目中的优秀代表。让学生自己提名、投票，班主任可以做一些暗示或者引导，以利于让真正的优秀者脱颖而出。

在班级中寻找正面典型形象的范围要宽泛，从学习优秀到助人为乐，从常规表现到体育活动，从展示才艺到献爱心，哪怕是坚持把讲台擦得干干净净的学生，都应在关注的视线之内。这些"各行各业"中涌现出的人才，普通学生要占相当大的比例，班主任的眼睛不要只盯在少数班干部身上，要为普通学生搭建表现的平台。班主任要想尽办法，宣传班级里的好现象、好习惯、好同学，让好风气占据绝对主流。

开学之初，班级并不是没有缺点和问题。如果我们按常规思维，发现不好的就指出、批评、惩戒，那么学生就会感到班级全是问题，一无是处。对一个新进入班级的学生来说，这是一种消极的暗示，对班级的未来会失去信心。班主任的批评与高压手段，可能在短期内能使班级的纪律保持良好，得到领导的表扬。但是，因为这种"好"是压出来的，所以维持不了多久。在压抑的氛围中，良好的班风是不可能形成的。

多表扬，对学生来说，班级生活便有了一个美妙的开局。尽管班级还有很多问题，但班主任多表扬的做法无疑给了学生一种鼓励，那就是只要我们共同努力，一定会越来越好。你看，班级里出现了那么多好的现象，难道不令人欣喜吗？

这样的欣喜，也要让家长分享。家长是班风建设的大后方，是班主任工作的坚实后盾。要想让家长支持班主任工作，首先就要让家长知道孩子在班级里的生活是幸福的，而且是处在不断进步之中的。

（二）让学生知道在班级里应该做什么、不应该做什么

开学初不要向学生灌输太多东西，因为学生刚刚来到学校，接受的信息量是庞大的，一开始什么都说了，学生不一定记得住。班主任应该先选择最需要学生了解的几个问题进行强调，根据心理学上的首因效应，这样做容易给学生留下深刻印象。

在新接班之初，我曾采用写信的方式，对学生在班级未来需要注意的几个重大问题做了详细说明。这封信成为新班集体建设的第一部行动指南。

【案例6-1 开学初致学生的一封信】

亲爱的同学:

你好!

崭新的学习生活已经开始。欢迎你来到××班!为了让你更好地融入集体并有一个美妙的开端,我给大家提供一些建议。这些建议会帮助你养成良好的习惯,培养优秀的素质,对你接下来几年的学习生活会很有帮助。所以,请仔细阅读这封信。

1. 以下规定会在开学后就执行并在第一周就开始重点检查,请你格外注意。

(1)早晨到校第一件事是交作业。如果你出于某些原因不能按时交作业,班级会有一些处理办法,请留意老师后续的要求。但是任何利用早晨补作业或抄作业的行为都是不允许的。

(2)每天下午最后一节课结束,你要等待老师或班长的指令后才能离开。临走前请做好以下几件事:

①将桌面收拾干净,不留任何物品。

②整理好抽屉,不留垃圾。

③椅子推入课桌下,把课桌按照坐标摆放整齐。

④检查你座位周边,如有垃圾纸屑,请捡起带走。

我们将会每天检查、记录并采取一定措施直至帮助你养成这些习惯。

2. 以下行为将会让你得到表扬,也会给你的形象加分,希望你多做。你很快就能体会到这样做给你带来的愉快感觉。

(1)随手捡起教室地面或者班级包干区里的小垃圾,无论你是不是今天的值日生。

(2)友善地对待同学,热情地帮助他人。

(3)遇见老师时,主动问好。

3. 以下行为将严重损害你在同学和老师心中的形象并且让你被鄙视,希望你自觉远离或抵制。

（1）在公开场合讲粗话、脏话。

（2）高声谈论格调低俗的内容。

（3）不注意个人卫生。

（4）随手乱扔垃圾。

4. 以下行为是被严格禁止的。如果发生，将会在第一时间受到严厉处罚，请务必不要触碰这些高压线。

（1）任何侮辱老师的言行（如果你觉得受到了不公平的对待，请找班主任说明情况，寻求帮助）。

（2）欺负同学。

（3）考试作弊。

同学们，无论过去怎样，都已成为历史。让我们在新起点上，重新开始。每个星期做好一件事，每个月养成一个好习惯。从现在开始，加油！相信自己，你会越来越出色。我期待着你的优秀表现！

你的班主任×××

在开学后相当长的一段时间内，这封信的很多内容将被反复提到。信中所写的内容，就是开学后班级第一个阶段的工作重点。应该说，如果信中所有要求都能被很好地贯彻，班级风气一定是健康向上的。

三、加强对学生的教育

在做好第一阶段的过程中，要时刻不忘加强对学生的教育。

（一）对班级整体表现提出要求，引导学生初步养成一些好习惯

在新班级，学生都要经过一个试探、适应的时期。此时学生的表现通常比较收敛。初中、高中班级，学生都不是一张白纸，他们已经形成了自

己的行为习惯和思维方式，只是在新班里还不会马上表现出来。这段时间是班风建设的最佳时期。

班主任在此期间应该非常明确地为班级定几条规矩。不要太多，但一定是事关班级今后整体走向的重要规矩。要帮助学生养成一些好习惯，以此替代一些坏习惯。可以每周以一件事为核心，重点管理。当班主任发现班级出现一些不好的苗头时，要高度重视。这样的苗头如果不能在短时间内得到遏制，学生就会觉得问题不大，于是坏的风气有了生存空间，就会逐渐蔓延开来。

很多"第一次"都是非常好的教育机会，无论是好事还是坏事，对这些事情的处理将成为班级管理中的标杆性事件。

下面举一个关于怎样给学生立"听讲的规矩"的例子。

【案例 6-2　听讲的规矩】

班主任在讲台上说话时，发现底下的学生有的漫不经心，有的在继续做自己的事，有的喜欢插嘴搞怪，引得同学哄堂大笑。此时，班主任一定要停下来进行教育，对不良行为进行批评。要让所有学生明白，当老师在台上说话时，下面的人应该怎么做、不能怎么做。班主任在讲台前对全体学生说话是常见的行为，如果风气不正，大家都不当回事，将来就会很麻烦。我一般会这样做。

第一，当我站在讲台前面向大家时，就是发出了一个信号，班主任要开始说话了，底下的学生就要安静。如果不安静，我会一言不发且表情很严肃地看着大家。等下面安静下来后，我会对刚才的情况做点评，告诉大家应该怎么做。这样的训练绝对不是一次、两次就能成功的，要反复多次。每次说话前就重复这样的练习，直至学生形成条件反射。以后，每当你往讲台前一站，底下就会安静。即使一开始有点声音，只要你不说话，学生就会互相提醒，很快就能安静下来。

第二，当我在说话时，全班学生必须认真听，不允许在底下做自己的事，比如看书、写作业等。如果发现这种情况，也要停下来，先提醒，效果不佳就直接点学生的名字。在讲话的全程中，都必须始终注意，不能只顾自己讲而不观察下面学生的反应。

第三，当我说话时，如果有一个学生未经我允许忽然插嘴，而且说的内容与我的讲话毫无关联，只是为了搞笑引起大家的注意，我会立即请他站起来，以这样的行为作为案例教育全班。第一次可以原谅，但是要明确告诉全班学生，这样的行为有什么不好，这样做会有什么后果。如果有下一次，则必须予以一定的惩戒。

第四，我允许学生发言讨论，大家就可以自由发言；当我说停止讨论时，全班必须在最短的时间里安静下来。这个也需要不断提醒，训练多次。

班级气场一旦形成，需要花费的维护精力就很少了，班主任的管理就会很顺畅。

以这样的方式，在一开始就加强教育，学生容易养成一些好习惯。类似的事情很多，比如出操、站队、自习、午休等，这些都是需要全班整体参与的，与班级风气息息相关。学生有从众心理，有人带头就有人跟进，一旦蔓延即成为班级风气问题。唯有一个习惯一个习惯地培养，班级整体风气才会越来越好。班风好，班主任会觉得学生越来越顺眼，学生也会从良好的班风中受益。

（二）从细微处入手营造优良班风

班风建设既表现在班级学生思想意识的大方面，又体现在很多细节上。班主任对一些细节的关注和及时的教育，无论是个别的还是集体的，对班风的形成都有很大帮助。要做到"处处皆教育"，班主任必须用心。用心才会及时发现问题，巧妙引导。

所以，班风建设要体现"时时""处处"的特点。

所谓"时时"，就是教育的契机随时存在，班主任要善于抓住机会，及时开展教育；所谓"处处"，就是要洞察班级管理的细微处，从大处着眼、小处着手。班风建设不仅要抓大方向，还要用很多具体的习惯、传统来体现。这是一个循序渐进的过程，也是一个慢慢积累的过程。用心的班主任在打造优良班风的浩大工程中，会遵循一些基本的原则，用一些智慧的方法，一步一步做，把个体的优良习惯扩大为集体的，把偶然事件延伸为班级优良传统。总结起来就是三句话：好习惯一个一个培养，好传统一个一个巩固，好风气一点一点形成。

【案例6-3　班级禁语】

一天，蕴芝来找我，非要拉着我去看她的座位。我去看了，座位四周一地的垃圾，还有没喝完的奶茶杯子，奶茶洒了一地。蕴芝对我说："你看看，我怎么坐得下去，都是他们扔的，脏死了。"

这已经不是第一个人对我说这话了。前天，我让一名女生把自己座位周围的卫生做一下，叫了两次，没见动静。我把她请到了办公室，对她说："我知道你为什么不打扫，因为你认为不是你扔的垃圾。你每周要做一次值日生，你也可以说：'这不是我的地方，我为什么要为别人打扫？'"

我在班里看到一些状况，有时会随口提醒学生一句："你座位旁边有张废纸。"而学生一般都是这样回答："这不是我扔的。"

其实，我本没有追究哪个人责任的意思，但学生的回答往往是条件反射式的。为了转变学生这种逃避责任的自我保护心理，我专门为此进行教育，并把"这不是我干的"列为"班级禁语"之一。

我这样教育学生：

一句"不是我干的"，就可以回避自己的责任吗？就可以听任垃圾在你身边泛滥吗？我并没有批评谁，只是提醒大家我们都有责任让环境变得更清洁。如何对待一个小小的纸团，从中可以看出我们的责任心，看出我们是以什么样的心态参与社会活动的。有了这样的心态，我们就不难理解为什么总有人会忘了做值日，为什么我们的教室经常空无一人却电灯大开，也不难理解为什么一张纸在我们身边可以静静地躺上一天。

同学们在回答老师问为什么不交作业时，出现最多的答案是："忘了带。"也许这仅仅是一个借口，也许你就是忘了带。但即使是你忘了带，你忘记的绝不仅仅是作业本。

【案例6-4　你丢掉了什么？】

我们班级规定，学生座位周边是个人责任区。每个学生必须保证责任区的整洁。有一天下午放学后我巡视教室，发现一个女生座位旁的垃圾袋没有带走，可这个学生已经回家了。我当即一个电话打到她家，说："你丢了东西在学校里，请赶紧过来拿。"她怎么也想不起来丢了什么东西。我没有解释，只是请她尽快赶回学校，语气比较严肃。她有点紧张，居然打车赶回学校。和她一起来的，还有她的父亲。来了后，我请她在自己的座位上找。她当然找不到，好长时间后，还是在她父亲的提示下，才意识到是自己的垃圾袋没有带走。

处理完垃圾，我问她："你现在知道丢了什么东西了吗？"她回答："我丢掉了自己的责任。"

我很感动于这位学生的醒悟。是啊，我们会经常丢失一些东西，但是没关系，只要明白了就好，从哪里丢掉的，就从哪里捡起来，无论是垃圾还是自己的责任。

上述两个案例中描述的情况，在我们的教育管理工作中是很常见的。如果我们能以敏锐的视角观察到这些问题，及时予以教育引导，不放过任何机会，就可以积小胜为大胜，让好的习惯和品行在学生的心里逐渐扎根，让优良的班风一点一点地形成。

（三）注意对重点学生的教育和引导

在班级中，要特别注意那些具有影响力的学生。这样的学生分为两种，积极向上的和破坏性强的。二者的能量比较大，在学生中有一定的威信和号召力。一些人并不是班干部，但在学生中有较高的人气。班级里会有一些非正式组织存在，对他们的领袖需要重点关注。无论是正面的领军人物还是带有一点儿负面性质的重点学生，都是班级的重点学生。抓住了他们，也就控制了大局，班风建设就会顺利很多。

要留心观察班级里的那些活跃分子，研究他们的个性和经历以及家庭背景，找到他们活跃的原因。最好是因势利导，用人所长，发掘他们的正能量，而不要简单地打压。或者提供让他们发挥特长的平台，引导他们将精力放在班级建设的正道上；或者进行单独谈话，指出问题，明确提出要求，约法三章，用规则约束其行为。总之，需要动一些脑筋"收服"这些学生，与他们搞好关系，在相处中进一步了解他们。越是了解情况，就越有方法教育。

班级里问题比较大的学生会经常破坏班级的秩序，扰乱课堂纪律，欺负同学，惹是生非。对这样的学生如果听之任之，对班风的负面影响就比较大，但如果仅采用高压政策予以压制，效果也往往不好，甚至越压越逆反。

对此，我的建议是：了解原因，控制影响，合理疏导。

深入表象背后，了解学生这些表现的深层次原因，有利于采取有针对性的教育。这是从根本上解决问题。要多用情感交流的方法，和学生交朋友。这样的学生对批评已经麻木，对表扬、鼓励也多持戒备态度，但通过真诚的情感交流，倾听他们内心深处的苦恼，找出他们走到今天这步田地的根源，往往可以达到很好的教育转化效果。学生从内心里不再抵触班主任的教育，就为他的进步提供了可能性。班主任在这些学生身上要多花一些功夫。转化一个难教的学生，对班风的促进作用会很大。

不仅要理解这些学生，还要控制这些学生的影响力，不能任其继续在班级里制造坏影响。对他们的错误，要及时指出，严肃地批评并给出整改措施。要用班级制度、学校纪律来约束其行为。

每个人都有优点和长处，发挥了这些学生的优点，也就是从另一个方面遏制了他们的缺点。所以，要发现这些学生身上哪怕是一点点的小闪光点，在班级公开场合予以肯定和鼓励。要引导别的学生学会全面地看待一个人，不能只盯着别人的短处。要利用一些机会，让这些学生的优势能够得以发挥，比如组织一支篮球队或足球队，组织一些公益劳动，交给他们一些任务甚至刻意制造一些任务让他们去完成。这是一种信任，这种做法往往能取得很好的效果。

在这里，特别提醒大家注意：班长人品最重要，"以毒攻毒"不可取。

在所有的班干部中，班长一职是最重要的。班长的选择一定要慎之又慎。入选的第一标准就是正派、阳光，因为班长具有风向标的意义，他的存在就是一种影响。

优秀的班长，既要深得班主任的信任，又要得到同学的支持。选出优秀的班长可以走民主程序，班主任又要有引导，比如设置一些门槛，建立准入制，再结合民意选出。为便于及时调整，班主任可以采取一些策略。每一届班长的任期可以短一些（比如一学期），做得好可以连任，做得不好可以在换届时根据制度换掉。这样班主任的回旋余地就会比较大。

有些班主任会用"以毒攻毒"的方法，利用能力强但有负面影响的学生做班长。我认为这是不可以的。这样做对全班学生都是一种伤害，对班风的消极影响很大。班长的能力是第二位的，而且能力是可以培养的，品德才是第一位的。如果发现班长身上有不良风气，要予以及时撤换。决不能因为这样的学生能力强，需要依靠他的能力为自己做事就重用他。其实，他的能力越强对集体的破坏性就会越大。

（四）班风建设的三大主题

在班风建设中要突出三个教育主题。

1. 价值观引导

什么是好的，什么是不好的；什么值得追求，什么不值得追求；要坚持什么，要学会放弃什么；什么叫成功，怎样才是失败 —— 要通过教育，让大家明白，对学生来说，什么最重要、什么不重要，要让少数学生扭曲的价值观在班级里没有市场。

2. 是非观教育

什么是对的，什么是错的；什么是正当的，什么是不正当的；要向别人学什么，什么东西不能学；要赞同什么行为，什么样的行为将受到谴责 —— 要通过教育，帮助学生厘清是非观念，保持头脑清醒，让班级正义的力量完全压倒歪风邪气。

3. 荣辱观形成

什么是光荣的，什么是可耻的；什么行为将受到褒奖，什么行为会受到无情谴责；怎样才叫有尊严，怎么就会被鄙视 —— 要通过教育，让大家知耻，自觉远离那些不好的事物。

当下的教育过度追求考试成绩，这造成对人品的培养相对缺失。分数至上，效率至上，成功至上。这些社会问题也会投射到班级里。班主任对此展开的教育，不仅在于建立良好的班风，而且在于向学生输出正确的价值观，纠正学生成长中可能出现的偏差，对学生一生的发展有重要意义。

以上教育，要多结合自己班级的真实案例进行，切忌空洞说教。案例6-1《开学初致学生的一封信》中提到的几个重点问题可以归纳为：自己的事情自己做，不给别人添麻烦；自己的形象自己树，不让别人鄙视我；班级的红线碰不得，火炉法则不能忘。

下面，简单介绍一下火炉法则。

①火炉放在那里，不需要触碰就知道它是灼热的 —— 规则的警示性原则。

②火炉灼热，只要触碰到它，马上会被灼伤 —— 惩罚的及时性原则。

③火炉灼热，如果触碰，必然会被灼伤 —— 规则的必然性原则。

④不管什么人，只要触碰火炉，都会被灼伤 —— 规则的平等性原则。

总之，班主任要善于利用身边的教育资源，将这些教育主题通过一系列活动渗透到学生生活的各个方面、各个时间段。

（五）为班级管理设立红线

班级管理并非越严越好。教育学生要充满人文关怀，但这并不意味着对学生的不良行为不管不问。班主任应该有态度、有原则。可以宽容的事情不妨宽容，该严格的地方一定要严格，寸步不让。其中，在班级设立若干红线，对整肃班级风气是非常必要的。一些学生规则意识淡薄，目无纪律，毫无敬畏之心。这样的学生很多都是在家里被娇惯坏的，或者是被不良环境带坏的。如果他们的行为得不到控制，将会影响整个班级的风气。班主任应该用火炉法则教育全班，不要试图挑战规则的底线。

班级的红线，或者说高压线不能太多，但一定要有。要把最关键的问题设为红线。对不同的班级而言，哪些问题符合上述条件则要根据班级具体情况而定。比如，上述《开学初致学生的一封信》为班级设了三条红线。

1. 不能侮辱老师

在班级中，学生要处理很多关系，其中事关班风的主要是师生关系和生生关系。要在班级里大力倡导尊师重教的风尚。无论是在课堂上还是在课外，学生对老师都应该保持尊重。比如上课时，班风好的班级一般不会发生师生冲突。即使出现了偶发事件，一个学生和老师顶撞起来，那么无论谁对谁错，其他人采取的行为都应该是主持正义，积极平息事态，而不应该是冷眼旁观、幸灾乐祸，甚至火上浇油。如果学生漠视顶撞老师的行为甚至视其为英雄之举，那这个班级的氛围就很糟糕了。所以，班主任必须对学生无礼顶撞老师的行为采取严厉的措施，绝对不能让这样的事件在班级中反复出现。

2. 不能欺负同学

如果班级里有霸王学生欺凌弱小，这会让班级没有安全感，生存环境恶劣。这种行为必须严厉打击。

3. 考试不能作弊

考风考纪是班风建设中非常重要的方面，不仅关乎学生的诚信品德，而且影响学生对班级的信任感、安全感。班风与考风，有很高的相关度。

班主任要把整肃考风作为班风建设的一个重要任务来抓。在这个问题上，班主任的价值取向直接影响学生的行为。如果班主任过于看重分数，以此作为评价学生优劣的标准，就会把学生的注意力转移到如何获得分数上，作弊的可能性也就大为增加；如果班主任关注的焦点首先是真实的考试成绩，以此作为第一标准并影响学生的综合素质评价，就会引导学生向健康的方向发展。

平时考试的主要功能是发现学习中的问题以利于改进而不是评价，真实的分数才有价值。不仅如此，还要解决学生在家庭中的后顾之忧，因为学生考试成绩不好要受到家长的责难。为了过家长这一关，个别学生可能不惜铤而走险。要消除学生的这种恐惧，就要在家长面前强调正确的价值观。如果孩子学习成绩不好却坚持诚信考试，这样的行为应该在家长面前大力表扬，在全班大力表扬，以树正气。要让所有学生都明白，在这个班级里最光荣的不是考试第一名，而是诚信考试；如果全班都诚信考试了，那全班就都要受到表彰。

以上三条红线，都涉及班风的原则性问题。只要触碰其中一条，就会立即受到处罚，没有讨价还价的余地。

四、以班级公约和班级制度巩固班风

班级公约和班级制度对巩固班风意义重大。

（一）制定班级公约

班风需要用班级的制度来巩固维护，仅凭学生的自觉，是不能完全解决问题的。在班风建设中要注重师生感情，注重对学生美好情感（包括对同学、老师、长辈、班级的情感）的培养，提高学生的情商；但也要将有关班风的重要内容梳理出来，形成文字，以便学生经常学习、自省，约束自己的行为，不断进步。

在班级的各项制度、规则中，班级公约具有战略意义，对班风形成有很强的导向性。它的出台过程是一个班主任和学生共同用心努力的过程。对此，班主任必须高度重视，不能流于形式地走过场，否则就会失去一次很好的营造班风的契机。

既然是公约，那就是大家的共同约定，所以必须全员参与。每名学生都要按照自己的理解为班级设计公约。为了便于操作，可以这样做：不限定具体内容，但是要告知学生写哪些方面。比如，课堂纪律、课外活动、卫生保洁、行为举止、个人修养和公德意识等。也可以设置一个数量，比如每人写 10 句话，每个方面各几句，等等。学生根据规定的框架写，班主任就比较容易整理。学生提交的内容如果不够全面，班主任可以补充自己的意见。

整理后的班级公约是师生双方共同研究的结果，成文之后，要做这样几件事：

①出台之前先对公约草稿展开讨论。可以下发一个征求意见稿，组织小组讨论或者用书面的方式将意见和建议告知班主任。要注意接受学生的合理化建议，班主任不要搞一言堂。

②把班级公约做成一块展板，张贴在教室的醒目处。

③让每个学生背诵或者至少熟记班级公约，方法是经常读、反复读，加深印象。

④为了让学生更好地记住班级公约，有可能的话要印发给学生，人手一份。

因为班级公约需要尽量让学生记住并能接受，所以，在制定班级公约时就要注意篇幅不宜太长。凡涉及具体操作的事情可以放在其他制度里，不要事无巨细全部写在班级公约里。班级公约的主要作用是对学生的观念、行为进行引导，也就是引领班风，而不是一些细致的条文。

（二）逐步架构班级制度体系，为班风保驾护航

从班级组建开始，班主任就应该致力于班级制度体系的构建。这项工作是形成良好班风最可靠的保证。与软教育不同的是，制度有强制性，在约束学生行为等方面起到的作用是其他方法所不能替代的。创设稳定的环境，既有利于学生的成长，也有利于班级的健康发展。

班级制度的构建是一个系统工程。开学初的主要任务是制定一些最基本、最迫切的制度，以让班级能迅速进入有序的运转状态，并就此开始培养学生的规则意识。这些制度会随着班级的发展和时间的推移被逐步修改、补充、完善。

对新班级来说，首先要制定一些事关班级正常运作、班风建设的制度。其余的，以后可以根据需要慢慢补充。以下几项制度需要优先制定。

①作息时间管理制度。

②卫生值日制度。

③作业管理制度。

④课堂常规制度。

关于班级制度体系的构建，可参考本书第四课。

五、班风的呈现方法

班风是看不见、摸不着的，但又是可以被人感知的。

首先，它体现在学生的行为举止上。它让人感觉到这个班级不同于

其他班级的地方，也就是一个班级特有的气质。班风影响了班级成员的表现，班级成员的表现也体现了班风。

其次，班风虽然看不见，但是并非虚无缥缈，可以用一些手段和方式呈现、强化。班主任应将班风建设与班级文化建设紧密联系起来。

我们在此列举一些常用的方法。班主任可以根据自身和班级的实际情况取舍。有一点需要注意，那就是班主任不一定追求这些可视化呈现的齐全、漂亮，但要落到实处，要有一定的配套措施，否则就只能成为装点门面的摆设。

（一）班级精神符号

班级精神符号主要有 5 个。

1. 班名

给你的班级起一个好听的名字 —— 阳光、积极、振奋人心，比只是简单地说一个番号要强得多。班名可以面向全班学生包括家长征集，可以多次筛选、票选，尽量选出大家最喜爱、最满意的班名。

班名要根据自己班级的特点取，还要对班风有一定的引领作用。班名是浓缩的班风标志。班名的出处可以从经典格言、成语中选取，如"敏行""志远"；可以是励志型的，如"超越梦想""卓越"；可以是优美型的，如"阳光雨露""春笋""彩虹"；可以是吉祥如意型的，如"和谐五班"；也可以借用名人的名字，如"行知""星海"；甚至可以引入英文、数字；等等。

2. 班徽

班徽是班级的标志。可以把班名嵌入，要有寓意，还要向全班学生解释。可以向全班学生和家长征集，入围者给予一定奖励。设计班徽的过程，就是为自己班级用心的过程，学生的参与很重要。班主任还可以把班徽设计成大小不等、夸张变形的各种标志，用在班级活动的各种场合。这样既能增强趣味性，又能强化学生"我爱我班"的集体意识。

3. 班旗

将班徽、班名、班级口号等元素合成，设计出班旗，在集体活动时展示出来，定能振奋士气和人心。

4. 班训

班级共同的格言，是最能反映班风特点的。所以，设计时一定要用心。要实在、朴实、亲切，不要好高骛远；要避免假大空的口号，不要用过于搞怪的网络语言。班训不要长，一句话即可，以便学生都能牢牢记住。

班训可以用现成的名人格言、短语、成语，也可以面向全班征集、评选学生原创的。例如，"博学笃行，自强不息""文明高雅，乐学善思""永不言弃""合作、竞争、精进、超越""每天进步一点点""永远进击""行动高于一切"，等等。有的班训只用一个字，也非常传神、给力，如"实""强""牛"，然后对这一个字的班训做出解释，体现班级精神和追求。

在班级需要鼓劲、振作精神时，班主任不妨带领学生共读班训，以增强学生的集体自豪感。班训可以做成展板或大字报，贴于教室醒目位置，让学生随时都能看到，以时刻提醒自己是班级的一名成员，要恪守班训。

5. 班歌

班歌至少可以有三个来源。

①现成的歌曲，青春励志、激情飞扬、传递美好情感的。如《和你一样》《真心英雄》《我的未来不是梦》《相亲相爱一家人》等。

②用耳熟能详的旋律自己填词。

③如有可能，自己作词作曲，创作出独一无二的班歌。

（二）班风的其他可视化呈现方式

应尝试班风的多种呈现方式。

1. 让每一面墙壁都说话

可以用学生自己的作品，如书画、手工艺品等，装饰教室，营造励志的文化氛围，但要适度，不要用过于鲜艳的颜色。也可以用一些名人名言或画像装饰墙壁，选择的素材要与班训、班名、班级特点产生联系。可以让教室墙壁添彩的内容有：

①学生的作品（书画、摄影等）。用学生自己的作品装饰墙壁，展示学生才艺。

②学生活动剪影。在教室墙壁上专门辟出一块空间，展示班级活动中学生的照片。

③荣誉墙。把班级获得的荣誉集中张贴，以唤起并强化集体荣誉感。

④学生优秀作品。展示学生优秀作业、优秀作文及获奖证书。

⑤名人励志格言、警句。

⑥班级愿景（奋斗目标）。

⑦征集学生自己的格言，并在适当的地方展示。来自学生的东西，总会受到重视。把学生闪光的一面展示出来，以真善美主导班风。

2. 温馨提示牌

在教室里适当的地方做一些温馨提示牌，既可彰显班级文明气息，也可培养学生的良好习惯。这些提示语不具强制性，但有助于营造良好的氛围。

3. 养动、植物

在教室边角空间放一些植物或养一些小动物，以培养学生的爱心、耐心，同时也让教室里充满生机和情趣。

六、班级不良风气的改变策略

学生在校轻微违纪现象十分普遍，上课讲话，玩手机，睡觉，吃东西，迟到，抄袭作业……道理他们都知道，就是做不到。这些小恶，够不上纪律处分，但会时时干扰班级的正常秩序。因为对班级有影响，不抓肯定不行，但又没有什么特别给力的抓手。自觉的学生不需要批评教育，批评教育对不自觉的学生又苍白无力。为一点小事，似乎犯不上大动干戈，但管理力度轻了又根本不起作用，这令班主任十分头疼。

谈话教育，虽然有一定效果，但肯定不会对所有人都有用。用制度处罚，尺度要合适，轻不得，重不得，要给予违纪学生一定的教训，又不能什么事都上纲上线。

班主任不仅要处理个案，还要防止学生的这些坏习惯蔓延，形成不良班风。问题的解决要从分析问题开始。我们先探究一下轻微违纪现象的演变。

（一）学生轻微违纪现象的演变

学生的轻微违纪现象从偶然变成习惯，从个别行为转变成不良的班级风气，其过程大致如下。

1. 从偶尔为之到形成坏习惯

①关于学习和行为表现，班级总会有一些规则。这些规则从公布时起就在接受学生的试探和挑战。

②规则与自律的学生几乎不会有什么关系，但对不自律的学生来说则是个事儿。规则一开始对他们有一定的震慑力，因为担心违纪后受到处罚，但他们会怀疑规则是否会被执行，所以他们会观察和试探。

③学生终于因一定的利益诱惑或者其他原因，怀着侥幸心理，挑战规

则，出现违纪。

④如果在最初的违纪中尝到甜头，又能逃避规则的处罚，学生就会在庆幸之余感受兴奋、刺激，甚至产生成就感。

⑤如果违纪行为始终得不到惩罚和矫正，偶尔的尝试会变成经常性违纪。这种强化作用会让学生形成一种稳定的心理，对违纪行为变得毫无愧疚感。道德的力量根本抵制不了违纪带来的利益，也无法约束学生的行为。此时，规则在他们心中已经荡然无存，从偶然行为转化为经常行为，最后形成坏习惯。

2. 从个别行为到群体行为

一个人的违纪是个案，一群人的违纪是风气。学生最清楚同学的情况，行为会相互感染。其他人目睹首先违纪的学生获得"利益"并未受到处罚，会产生各种不同的心理反应，有愤愤不平的，有抱怨、鄙视的，有羡慕、嫉妒的，等等。"羊群效应"让一部分人开始效仿那些违纪行为，"示范效应"使原来不违纪的一部分人觉得"吃亏了"，"法不责众"的心理让跟进者心理负担减轻。于是，违纪情况会由个别人扩展到多人，形成一种气场，让很多正直的学生不愉快，出现抱怨，其中会有一部分人被风气带坏，不良班风就此形成。

以上演化过程可以用以下五个阶段简略表述：敬畏期→怀疑期→挑战期→蔓延期→麻木期。

在此期间学生典型的心理活动有：

①不能违纪，否则会受到惩罚。

②真的会被惩罚吗？

③试试看，或许不会有事。

④没有人把我怎么样，原来真的可以啊！

⑤不用怕，老师只是随便说说吓唬人的。

⑥他可以这样，我为什么不行？

⑦要罚反正也不是罚我一个。

⑧（班干部）他们都这样，我管不了。

…………

（二）对轻微违纪问题的处理策略

明确了不良风气是怎样形成的，班主任就可以采取相应的行动阻止它形成。在每个阶段要有不同的教育策略，行动采取得越早、越主动，不良风气就越容易刹住车。如果等到个别人的小恶形成风气，再想治理，难度就大了。

行动要点如下。

第一，充分利用学生对规则的敬畏期，广做宣传，反复宣讲，让规则在每个人心中留下深刻印象。通过教育将试图违纪的学生比例降到最低。

操作策略有：

①把规则下发到每个人的手上或张贴在教室里醒目的位置。

②详细解读规则，举出实例，对违纪的后果予以具体描述。

③经常就规则提问某些学生，让他们复述规则。

④就规则开展讨论，征集学生对规则的意见，最后经过学生表决通过。

⑤让学生在有关规则的文字或遵守规则的承诺下面签字。

⑥对学生公开表达执行规则的决心。

⑦强调遵守规则的好处，从个人形象、心理状态、班级评价等方面加以说明。

⑧表扬守纪的学生。

…………

第二，仔细观察学生对规则的反应，找出对规则不屑一顾或想要小聪明的学生，重点关注。

第三，对任何违纪行为的处理都要有明确的操作方案，规则要可以被执行。

第四，每一项规则开始执行的一段时期就是这个阶段班级工作的重点。要明确告知学生现在的重点是什么，以提高他们的重视程度。

第五，提高违纪成本。不痛不痒、绵软无力的处罚其实是对违纪行为的一种放纵，学生会满不在乎，这样规则将显得十分可笑。处罚必须是严厉的，要罚得学生心疼，其基本原则是在不侮辱学生人格、不侵害学生利益、不伤害学生身体的前提下，尽可能严厉。要让学生觉得从违纪中获得的"利益"远抵不上违纪所付出的代价。比如，让违纪的学生陷入巨大的麻烦、走烦琐的程序就是一种策略。

第六，不要让任何试图挑战规则的学生得逞，对任何挑战规则的行为予以坚决回击。学生发现无机可乘，自然就会知难而退。

因此，班主任心态上要稳住。规则不是越多越好，关键是有规则就要执行。评估自己的时间和精力，把先要解决的问题放在首位，把执行难度不大的违纪处理放在前面。一段时间重点解决一类问题，注意力不要分散，不要企图将所有的违纪行为一网打尽，要有主次、有先后地逐步解决问题。

由于处罚的力度大，所以面一定要窄。要团结大多数学生，不能树敌过多。例如，有五个学生违纪，全部处罚，对立面就是五个人；如果只处罚一个，则另外四个没有被处罚的学生就站到了班主任这一边。打击一小点，震动一大片。那么，如何选择这"一小点"呢？点的选择必须是有道理的，要具备唯一性特征：要么是第一个，要么是情节最严重的。

处罚是把双刃剑，所以要以正面教育为主，预防为主，表扬为主，不轻易处罚学生。如果确实需要处罚，就一定要处罚到位。处理要及时果断，不能拖拉。根据火炉法则，一触碰到火炉就立即会被灼伤。每处罚一个学生都是不得已而为之，所以，要以有限的处罚案例教育全班，树立违纪处理的标杆性事件。

如果班主任坚决执行规则，就会使学生不再抱有幻想，教师的威信也就此树立。

从班级整体来看，通过各种努力，形成一个强大的正义气场，让身处其中的每个成员从不得不服从规则，到不好意思违纪，再到对其他同学的违纪行为有独立判断能力和批判意识，良好的班风也就逐步形成。

此过程大致可分为四个阶段：被动服从期→主动适应期→形成习惯期→自觉自律期。

班风的营造还有多种途径，比如在学校组织的各种活动（如运动会、春游、秋游、文艺演出）中，精心策划、准备，做出班级特色；班主任自己组织一些班级活动，如远足、团队游戏等。在这些活动中锻炼学生的能力，培养团队意识和集体荣誉感。

班风建设是个大课题，伴随班级成长的始终。班主任和全体学生通过长期努力、团结协作，共同打造一个班级的风气。这种风气，是一种气质、一种精神，是这个班级所有成员共同的精神财富。

第七课

管理好班级活动关键时间点

规划学生一天的生活仅靠一张学校下发的课程表是远远不够的，因为课程表只能显示上课的科目顺序，没有课外时间的安排。而学生在校期间的活动远不只是上课，课外的时间该如何安排？

班主任可以根据学校的作息时间和班级具体情况，另行编制一张时间安排表，把学生一天的非上课时间活动全部写清楚。时间表的编制可以参考表 7–1。

表 7–1　学生在校非上课时间安排表

	时间	活动	要求	备注
早晨	7:20 之前	交作业、理用品、做准备	不闲聊、不喧哗	值周班委上岗
	7:20 — 7:25	继续上述活动、教学助理整理作业	不闲聊、不喧哗	值周班委执勤
	7:25	值周班委"一分钟点评"	停止交作业、教学助理送本子	统计交作业情况
	7:26 — 7:30	自习、预习、读书等	进入学习状态、不走动	课代表上岗
中午	11:55 — 12:30	午餐、自由活动	不喧哗、不哄闹	
	12:30 — 12:40	自查卫生、午休准备	不走动、不喧哗	课代表布置作业
	12:35	值周班委巡视、午间检查	各人准备好自己要做的事	
	12:40 — 13:20	午休	教室内保持安静	特殊情况除外
	13:20 — 13:35	自由活动	不喧哗、不哄闹	
	13:35 — 13:40	下午课前准备	坐下、安静、自学	教学助理安排

	时间	活动	要求	备注
下午	17:15 — 17:20	放学前的结束工作	记作业、桌椅摆放、座位卫生	
	17:20 — 17:45	打扫卫生	按值日生要求做	值周班委值班
	17:45	全天活动结束	关电源、关窗、锁门	特殊情况除外

编制这张表格是为了让学生养成到什么时候做什么事的习惯。合理的安排使一切从理论上变得井然有序，但要真正实现现实中的有序还需做很多工作和努力。不要以为有了时间表学生的习惯就养成了。这张表只是提供了班级时间管理的一个依据而已，让学生落实于行动还需要做大量的教育工作。

以下是几点提醒。

第一，安排时间表时要留有余地，不能将每一分钟都用满。人毕竟不是机器，不可能像时钟一样精确运转。所以，即使时间表上有具体的时间，但在实际执行时，也要有个上下浮动范围，不必苛求。只要大致能按照既定安排进行，管理的目的就达到了。

第二，时间表要每人一份，同时要告知家长，以便家长掌握学生在校的活动规律，包括休息时间和放学时间。这样其实也方便家长万一有什么事要和孩子联系，时间上也可以把握得准确一些。家长对班级规定有知情权，制度的公开透明、广而告之，是取得家长支持的前提。所以，要在发给学生的表格后附有一份家长回执，要求家长签署意见，班主任保存回执。

第三，注意把握关键的时间点，是时间表发挥作用的重要保障。因为学生在校一天，大多数时间是由学校统一安排的。班级管理的难点在于统一管理的时间段前后一点的管理盲区怎么做。比如，学生早晨进校到早读之前这段时间就属于这种情况。早读时有科任教师在教室负责，不必过于担心，班主任要关心的是科任教师进班之前的这一段时间如何安排。同样的问题还出现在午休前、放学后，等等。没有教师在场，问题往往就出在这些时间段。

以下是两条建议：

①班主任对照学生的作息时间表合理安排自己的时间。班主任和学生的作息时间安排不能完全一致，要与学校或科任教师的管理时间有所交叉，才能实现互补，不留盲区。同时，要把握关键节点，注意力集中在容易出问题的时间和地方，主要精力放在对关键时间点的管理上。

②多借助班主任助理、值周班委等班干部，特别是值周班委的力量，完成班级正常运转的大部分具体工作，同时加强对学生的教育培训，逐步实现班级自主管理，使学生做到班主任在与不在一个样。

一、学生早晨到校后的管理

（一）早晨提前到校

班主任可以规定学生比学校要求的时间稍稍提前一点进班。班主任自己也要养成早到校的习惯，特别是在培养学生自主管理阶段，要尽量身体力行。等班级实现良性运转后，可以不必每天早到。但是，我仍然建议，只要有条件，班主任就要尽量早到，为学生树立榜样。

提前到校，可以解决好以下几个方面的问题。

第一，打了提前量，可以大幅度减少真正迟到的人数。如果班级因常规工作出色而得到领导的表扬，这可以提升学生的集体荣誉感。

第二，可以比较从容地做好课前准备工作，以良好的状态开始一天的学习。

第三，每天提前一点儿，可以多做一点儿事，积少成多，坚持做下去，就会有很大的收获。

第四，可以由此做延伸教育，帮助学生养成凡事快人一步的习惯，进而形成一种班级的优良传统。

不过，班主任在要求学生提前到校的问题上，要注意以下几点。

第一，要做好宣传工作，广而告之提前量带来的好处不仅在防止学生迟到被扣分上，还可以避免引起学生的反感和抵触。

第二，注意天气的变化和住得较远的学生的实际情况，弹性处理学生迟到问题。比如，可以规定每人每月可以有一到两次迟到免于处罚的机会，但要加强教育和指导。

第三，要求提前的时间不宜太长，10分钟以内为宜。

第四，组织好学生早读前的活动，让学生有事做，避免无事生非。

有的班主任只是片面地规定学生提前到校，但又不安排好学生的活动，导致学生早来后或者闲聊、哄闹，或者抄袭作业，结果班级从一大早就开始进入混乱状态，给人很不舒服的感觉。比较合理的安排有：交齐作业，做好课前准备，晨跑，班委点评，预习，朗读等。总之，要让学生养成一进校就开始有序地安排活动的习惯。

（二）学生早晨到校应该做的工作

①值周班委（或值日班长）提前10分钟到班，将当天应该交的作业科目和名称写在黑板上。

②学生到校在第一时间交作业。

③在早读前5分钟，值周班委上岗执勤，巡视教室，提醒同学做好早读（或第一节课）的准备工作，必要时协助教学助理整理作业本。

④早读科目的教学助理提前5分钟组织学生预习或读书，可以在黑板上写下自习内容。各科教学助理送本子。

⑤学生自习或读书直到科任教师进班为止，以良好的状态开始一天的学习活动。

二、课前准备管理

（一）课前准备重要性教育

课前准备的各种混乱，直接影响教师上课的情绪和教学效果，也影响教师对这个班级的评价。这种差评，对班主任和全班学生都是一种打击和伤害。

所以，课前准备工作很重要。

首先是给教学助理和班干部开会，布置任务，做培训。其中，对值周班委的要求是：每节课预备铃响后站起来执勤，提醒同学不要走动或讲话，做好课前准备工作。对教学助理的要求是：打预备铃时，检查课前准备情况，必要的话可以在黑板上写下预习内容，组织好本节课的预习工作（看书，看笔记）或者完成一些学习任务，如背书、默写等，也可以利用小组，让小组间互查互问，做一些讨论。

这些想法的初衷是好的，即用有意义的活动代替吼叫式的震慑。但是，要真正做到位，达到预期的效果，并非易事。因为：

第一，一些班干部不给力。再好的制度也是靠人来执行的，所以，人的能力和素质起决定性作用。职责都知道，但是班委未必能履行：可能是班委不适应这些规定，以前没做过；要不就是不敢管理、不好意思管理；或者根本就忘了；等等。

第二，部分学生规则意识欠缺，并没有形成"打铃就是上课"的条件反射。在很多学生心目中，打铃不是信号，依然可以想做什么就做什么，甚至教师进教室也不是信号，学生照样可以说话、走动甚至往教室外跑。一直要等到教师开始整顿纪律了，学生才意识到要上课了。

如果班主任亲自抓，情况就要好些。但是，不能什么事情都指望班主任啊。且学生难道不应该锻炼自我管理的能力吗？

如何解决这些问题？

首先，还是教育，对全班进行教育。

①强调课前准备的重要性和必要性。课前准备相当于运动员比赛上场前的热身活动，没有做好准备活动，如何能迅速进入学习状态，提高听课效率呢？

②把自己的切身感受告诉学生。教师走进一间非常混乱的教室时，是一种怎样的心情，以这样的情绪开始教学，能充分发挥教学水平吗？教师教学受影响，谁损失最大？

③混乱的课前准备会让我们这个班很令人厌烦，带来的是差评，别人会说我们班浮躁，班风、学风不好，诸如此类。大家愿意听到人们对我们这样的评价吗？当然不愿意。我们都有集体荣誉感，班级就像我们的家，谁希望听到别人说自己家不好呢？

④一节课的教学活动实际上是从打预备铃开始的，而不是等科任教师发话才开始的。预备铃响，对学生来说就不再是自由时间了，学生不可以利用课前准备的两分钟处理与本节课无关的事务。

其次，提出要求。

从达成目标上讲，课前准备的要求可以简化为"一硬一软"到位。

硬，就是硬件上的保证：黑板必须擦干净，讲台保证清洁整齐，电脑或者投影等设备准备就绪等。软，就是"软件"，特指学生的状态，要定心，要进入状态。

最后，指导学生怎么做。

学会如何掌握时间，个人事务一下课就处理，不要等到打铃了才想起来要做什么。注意力要集中，要把课前准备当作大事来对待。这件事只要思想上重视了，要求就不难达到。过去做不好主要是因为没把这个当回事。

（二）课前准备规则的制定与执行

教育会有一定作用，但不少学生的规则意识淡薄，不辅以一定制度，效果绝不会好到哪里去。所以，教育之外，制定相关的规则是更具体的行动。

根据观察和经验，最混乱的课前纪律一般会出现在两种情况下。

一是学生心目中的副科，如音乐、美术等。学生不重视，甚至很多人都把这些课当作自习课一样，用来写作业、看书，甚至睡觉。教师看到学生的这种状态，多少有些泄气，自己也就不重视了。

二是脾气较好、管理能力相对较弱的教师的课堂。学生对教师的脾气摸得很透，他们总是先突破防御最薄弱的地方。

鉴于此，可采取下列措施。

①将最有力的班干部调整到所谓的副科担任课代表，在薄弱环节增加管理力量。

②将课前准备作为一段时期的工作重点，集中力量打歼灭战，提升学生的重视程度，强化管理，养成习惯，巩固成果。

③建立相应的检查、督促制度。

可以设计一些管理表格。如"课前准备班委上岗情况记录表"，给班级的纪检委员。其格式如下：

表 7-2　课前准备班委上岗情况记录表

	日期	星期	1	2	3	4	5	6	7	8
科目										
课代表										
值周班委										

备注：数字为上课节次。

纪检委员只负责监督课代表和值周班委在打预备铃后有无上岗，其他不管。正常上岗执勤的打个钩即可，不上岗的记下名字。

要求：先提醒，需要反复提醒或者提醒无效时才做记录。尽量不记，因为记录不是目的，只是为了督促。如果督促有效，最后大家养成了习惯，这项记录就可以取消了。

在重点管理期间，要求纪检委员每天给班主任看记录，发现问题立即找责任人谈话。

再比如"课前准备情况记录表"，由值周班委记录。格式如表7-3。

表7-3　课前准备情况记录表

节次	科目	迟到	走动	喧哗	其他违纪
1					
2					
3					
4					
5					
6					
7					
8					

要求值周班委把问题比较大的同学的姓名记在表格相应位置里。记录原则同上：先提醒，无效再记录，尽量少记或不记，只要达到管理效果即可。重点管理期间内也是每天要给班主任看，及时解决问题。

发现了学生的问题，要先进行教育，不是立即就实施处罚。不到万不得已，不轻易处罚学生。处罚作为一种管理手段，能少用就尽量少用。

（三）走动式管理

班主任不能整天坐在办公室里，而要经常进到班里，观察班级和学生的情况，予以必要的指导或督促。班主任也可借此机会多了解一线的信息，现场解决一些问题。班主任如果不亲临第一线，很多事情都不清楚，管理也就缺乏力度。

同样，一些班委也喜欢不离开自己座位的管理方式。比如，发现教室里比较嘈杂，只是在座位上喊一声："安静！不要说话了。"泛泛地喊一声，没有具体内容，没有具体对象，这样的管理几乎是无效的。如果班委能站起来，走下去，在教室里巡视，点到名字，走到具体有问题的同学旁边予以提醒，效果就会好得多。

打预备铃后，所有执勤人员：值周班委、教学助理（一个或两个）都必须进行走动式管理，完成此前布置给他们的所有执勤任务。其中，值周班委要拿着上述表格和笔去巡视，一边观察一边提醒。班主任也要在自己有空的时候，多去教室里走走看看，和学生聊聊，不要整天待在办公室里。

班主任实施走动式管理，不仅仅是从管理效果出发。班主任在办公室里坐久了，也容易疲劳，常走动走动，既可以融洽和学生的感情，帮助班委做好管理，也可以了解最新情况，还可以锻炼身体，一举多得。

三、午间管理

一个上午的课上下来，学生比较疲劳，卫生状况开始下降，班级也会积累一些问题。中午，是一天学习的中场休息时间，也是班级管理的薄弱环节之一。对这个时间段的管理建议如下。

（一）安排一次午间检查

主要项目是卫生保洁情况。如果中午把卫生简单打扫一下，对学生午休和下午学习活动的开展都很有利。这项管理的主要负责人仍然是值周班委。

值周班委在午休开始前做检查，记录的项目见表7-4。

表 7-4　午间管理检查表

时间	星期	执勤	迟到	缺席	桌椅	承包区	讲台	黑板	讲台前地面	后排地面	垃圾桶

检查表填写说明：
①值周班委在填表前先在教室里走一圈，做好提醒工作。
②"承包区"一栏，记录有问题并提醒无效的承包区同学的姓名。
③其余各栏保洁记录为：A — 很好；B — 良好；C — 不合格。

（二）学校有统一午休要求的班级怎么做

如果学校对学生的午休有统一安排，班主任就必须服从安排，不得各行其是。管理建议是：管理目标必须明确，要管就要管到位，但要给学生一定的缓冲。

现在的学生学习都很紧张，几乎从早到晚都在上课，只有中午时间能稍作喘息。午餐及午餐后的一点时间，是学生难得的放松机会。从午餐后的自由状态到午休时的集中管理，必须有过渡。

管理办法是：

在正式午休开始前 10 分钟进入过渡状态，学生开始自查卫生，不喧哗，把该处理的问题处理好，比如上厕所、问作业、讨论问题、整理课桌等。

午休开始前 5 分钟，值周班委上岗，巡视提醒，进行午间检查。要求学生不再随意走动，说话降低音量，做好午休前的准备。

正式午休开始后，午睡或写作业或阅读都可以，但必须保持安静。无此统一要求，则难以管理。

午休结束，学生恢复正常活动。

（三）中午可以进行的班级活动

班主任可以根据自己班级的情况，在不违反学校有关统一规定的前提下，利用中午时间适当开展一些活动。

1. 素质教育活动

①音乐熏陶。利用边角时间播放一些好听的音乐，营造温馨而有文化的班级氛围，放松心情，提高学生的艺术修养。这项工作可以由文娱委员负责。

②影视赏析。我曾在自己班级组织"午间影院"活动，推荐优秀电影或视频短片给学生欣赏，还开设过"世界经典影片赏析"的班本课程，对拓展视野、提升学生素质起到很好的作用。

③读书读报。班级建立小型图书馆、添置书报架，供学生自由选择阅读，放松、休息的同时培养阅读习惯。

2. 学生教育活动

①和学生谈话。按照学号顺序或根据学情，轮流与学生进行个别交流，是非常有效的教育方法。中午时间可以利用起来。在保证学生一定休息时间的前提下，一个中午可以安排跟两到三名学生谈话。长期坚持下去，必有效果。

②组织召开各种小组会议。如班委例会、教学助理会议、小组长会、值日生会等。

③组织集体活动。如评议、投票、讨论等。

3. 学习活动

①小组讨论。

②"每日一题"拓展。

③组内互助，答疑、订正、互查。

④完成部分作业。

需要注意的是，不要利用中午时间上课或考试，否则不但效率很低而且学生很反感。中午可以适当安排一些活动，但不要把时间全部占满。以休息为主，保证下午上课的精力。学生必须有可以自由支配的时间。目前在学校里，也只有中午是学生的自由时间了，所以要把这段时间尽可能还给学生。

四、放学后的管理

下午放学，一天的校内活动结束了，这又是一个管理的时间节点，班主任依然不能放松。除非特殊情况，只要有可能，班主任就要亲自到班级里组织放学。班主任要加强教育工作，帮助学生养成放学时的好习惯，完成自己分内的事才能离开，不要不负责任地扬长而去。

放学后大致要做的工作如下。

①教学助理将作业抄写在黑板上，学生记录作业。

②各人处理好自己的事务，主要有：

整理书籍、资料和文具，避免遗漏。

整理桌面和抽屉内部。桌面保持清洁，抽屉里不留杂物，垃圾自己带走。

将课桌摆放整齐，将椅子推入课桌底下的空间。可以用坐标将每一张课桌定位。学生走之前按照坐标摆好课桌，全班课桌摆放就会很整齐，不需要值日生排桌椅。不建议将椅子架在课桌上。

检查自己座位周边有无纸屑或垃圾，如果有，及时捡起并带走。

③教室内外保洁。按照值日生安排操作即可，但检查制度要落实。

④班干部内外检查，填写记录，关门、关窗、关闭电源，确保班级的

整洁和安全。这项工作是班级工作的"最后一道防线",也是不可遗漏的一个细节。

表 7-5　班级每日保洁情况记录表

日期	星期	值日生到岗	垃圾袋	桌面	桌椅摆放	责任区	抽屉

说明：
①每天下午放学后 15 分钟由劳动委员和执勤班委检查工作，填写此表。
②表格中的各项均填写未达标同学姓名。达标的不填写。

五、其他教学时间段的管理

（一）课间管理

在正常的天气情况下，课间应该开门开窗透气（值周班委可提醒）。课间应该鼓励学生多去室外，但不能进行剧烈运动，活动范围不应超过小跑两分钟就可以返回教室的范围。不允许哄闹、在教室内奔跑、吃有强烈气味的食品。课间是管理相对薄弱也容易出问题的时间段，班主任要重视。如有可能，要经常去班级里走动。

值周班委和班主任助理是课间管理的主要依靠对象。在我给值周班委制定的"一日工作流程"中，对课间管理有以下要求。

课间巡视班级，若发现教室内外有工作不到位的情况，要及时提醒相关责任人。在找不到责任人或提醒无效的情况下，应该先行把工作做好，然后记录，事后处理并可以报告班主任。

上面提到的"不到位"，主要是指黑板没擦、讲台未清理、垃圾袋满了未换、地面卫生有问题等情况。

（二）课间操（跑操）管理

管理较规范、严格的学校，对课间操或跑操的管理也应该是到位的，不需要班主任多操心。但如果你所在的学校管理力度不够，或不重视这个时间段的管理，学生的素质又达不到相应的要求，那么，这段时间就是很容易被他们钻空子的，因为班主任都在操场上忙碌。学生通常的表现有：在教室里不出去、躲进洗手间等地方、借口做什么事情而逃避做操等。这样，学生离开了班主任的视线，处于失控状态，暗藏安全隐患。

对此，班主任可以采取的措施有：

①对学生讲清规则。课间体育锻炼是国家规定的，是常规的教育活动，带有强制性，无故缺席视同旷课。

②亲自或让体育委员仔细清点人数，查明缺席人员名字。

③以学校规定为抓手，与科任教师协调，除特殊需要，不占用这个时间段让学生做事，也规定学生不得利用这段时间交作业、拿本子、问问题，不给学生不参加锻炼的理由。

④规定请假必须有家长签字的请假条，必须直接向班主任请假。除班主任外，其他任何人没有批假的权力。

⑤如果在校学生声称身体不适不能参加体育锻炼，应该及时去校医室看病并告知家长。这样既可以保护学生的身体，消除安全隐患，也可以防止学生装病逃避体育锻炼。

（三）眼保健操管理

眼保健操管理主要由值周班委负责，班主任可以根据自己的时间抽空去教室转转。班主任要记住做眼保健操那节课的科目，重点关注课堂纪律不好的学科学生做眼保健操时的纪律，并规定不能在这个时间段收发作业、发通知或看书写作业。

第八课

管理班级
常规事务

一、作业管理

（一）学生按时交作业的困难

需要让学生养成的第一个好习惯是早晨到校后第一时间交作业。目的是培养学生独立完成作业的习惯，建设良好的学风，提高学习效率。

但真正做到这点是非常困难的。早晨，对那些学习有困难或者不想学习、不能按时完成作业的学生来说是黄金时间，补作业、抄作业等都是在这个时间段完成的。这种风气一旦蔓延，很影响班级学风。所以，很多班主任对此都"深恶痛绝"，但苦于不能每天都第一个到班看管，只能表示"无奈"。

（二）班主任能做的辅助工作

应该说，看管和处罚都是治标不治本的方法。抄作业问题成为班级管理中的一道难题，原因很复杂，既有教师的责任，也有学生的责任。过重的作业量和学习困难是造成这一现象的罪魁祸首。而班主任个人的能力和权力又是有限的，比如对科任教师布置作业没有限制权，也不能插手科任教师的教学工作，只能做些协调工作。学生的学习水平和动机千差万别，难以一致，要从源头上彻底解决问题，几乎是不可能的。班主任能做的工作十分有限，主要有：

①让学生养成一拿到作业本就订正的习惯。教师都会要求学生在作

业本上订正错误，而作业中的错误本身就说明学生在这块掌握得不好，如果不讲解，只要求订正，学生怎么可能会做呢？要是会做一开始就不会错了。不解决这个问题，他就只能去抄别人的。如何解决呢？在校内解决是最好的办法，学校里有老师、同学，可以向他们请教，直到弄明白为止。如果回到家了，无人可问，只能放在那里等第二天到学校去抄了。所以，应该要求课代表尽早去老师那里拿回改好的作业本，及时发下去，让学生有时间在学校里请教问题并订正。

②发挥学习小组和"导师"的作用，成绩好的学生帮学习有困难的同学答疑。

③最好是让老师一下课就布置好作业，课代表注意及时把作业抄在黑板上，以便同学利用边角时间做一些。

④每个同学准备作业记录本，完整地记下当天老师布置的作业。为保证工作得以落实，作业记录本每周一上午交上来检查一次，上面要有家长的签字。也就是说，家长要关注孩子的作业记录本的记载情况，了解孩子每天的作业。

⑤对学生出于各种原因不能完成作业的情况要有适度宽容的态度，不能简单地以罚代教，要查明原因，分类解决。

（三）变收作业为交作业

每天早晨学生自己交作业，组长和课代表均不去向学生索要作业，学生的作业本交到指定的位置，按学号排好（特殊要求的作业除外）。

这种做法是一个重要的改变，意在培养学生的责任心和自我管理意识。过去学生没有"交作业是自己的事"这个概念，坐在座位上等人来要作业。所以，这一小小的转变其实挺艰难的，尤其是在习惯养成阶段。班主任可以从以下几个方面入手。

①让学生在作业本的左上角标注自己的学号，交作业时按照学号的顺序放本子，不要乱扔。

②大的练习册在订口侧面的统一位置贴上标签，标注学号、姓名，不同组别的练习册可以用不同颜色的荧光笔涂在标签上以示区别。

③加强督促。开始阶段班主任肯定要辛苦一些，需要一遍遍指导、提醒，要有耐心，因为学生不可能立即就适应新的规则。

④严格要求课代表改掉向学生索要作业的习惯，哪怕还差很多本，也不要去收，到时间就送走。然后，班主任直接找没有及时交作业的学生谈话。

⑤将规则告知家长，请家长配合。

（四）明确交作业的流程

流程如下。

①每天早晨学生自行交作业至指定位置。为避免交作业时出现拥挤、混乱，交作业的位置是分流的，一般有三个：教室前的专用课桌（作业收发处）、每组（一列）的第一张课桌（每组的第一位同学默认为该组小组长）、教学助理的课桌。不同科目的作业交到不同的位置，教学助理和学习委员都会有要求，学生也都明白。

②教学助理整理作业本，记录未交作业学生名单，一式两份。在早读或第一节课之前将作业本送到科任教师办公桌上（如 7:30 开始早读，7:25 就要求送本子），附上一份未交作业同学名单。另一份名单交学习委员处用于汇总。名单使用统一格式的纸条，如表 8-1。

表 8-1　交作业情况统计单（课代表用）

日期	星期	作业名称
未交名单		

③学习委员将各教学助理提供的名单汇总，交班主任。见表8-2。

表8-2　交作业情况汇总统计单（学习委员用）

日期			星期						
科目	语文	数学	英语	物理	化学	生物	历史	政治	地理
需交作业									
全部交齐									

未交名单

说明：表格上有各学科名称，需要交哪一门，就在"需交作业"处打钩；如果全部交齐，就在"全部交齐"处打钩。未交作业名单根据各学科教学助理提供的名单整理。

④出于各种原因没有及时交作业的同学（含迟交），要在学习委员处领取两张单子。

第一张：作业未交情况说明书。见表8-3。

表8-3　作业未交情况说明书

学号	姓名	作业名称	时间
未交原因

单子填好后交给班主任。要求：未交作业同学名单和说明书一一对应，不可缺失。

第二张：补交作业情况反馈单。见表8-4。

表 8–4　补交作业情况反馈单

学号	姓名	未交作业	日期
未交原因			
补交情况			
教师签字		家长签字	

学生回去补做作业或者当天补交作业，要求完成第二张单子的填写。科任教师确认已补，签字。家长已知，签字。第二天将单子交班主任。要求与第一张单子一一对应。既有说明书，又有下落跟踪，以防不交作业的情况不了了之。

⑤每周交作业情况汇总。学习委员将每周交作业情况汇总于一张电子表格。见表 8–5。

表 8–5　每周交作业情况汇总表

日期　　　月　　日———　　月　　日

学号	姓名	语文	数学	英语	物理	化学	生物	历史	政治	地理	其他

在表格中查找日期即可了解哪个学生哪一天哪一门作业未交。此表格也可由班级专设的统计员录入。

⑥班主任将每天未交作业的学生告知家长。

以上做法可以取得以下效果：

第一，班主任抓学习委员，学习委员抓课代表，课代表抓组长或学生，层层把关。

第二，流程出现问题时，班主任既可以找学习委员，也可以直接找课代表解决。

第三，班主任每天可以及时掌握学生各科作业完成情况，有问题可以直接找有关学生处理。

第四，家长每天可以了解孩子交作业的状况。

第五，所有情况均有详细记录、备案。

第六，所有记录，均用统一的表格填写，简明、规范，便于操作。

应该允许学生在有特殊理由的前提下不交作业，鼓励学生自主完成作业，哪怕是不完整或有错误，允许学生通过各种方式获得问题的答案。严格禁止抄作业。作业可以不交，有困难可以和老师讲，这些都不是大问题。了解学生的状况和态度，对不同学生采取不同的教育帮助策略，对班主任来说，是个大问题。这些问题的解决，都需要建立在全面掌握有关信息的前提下。

这样烦琐的操作，是为了让班主任详细了解作业情况，让不写作业、不交作业的学生也能担负起相应的责任，即要对自己的行为负责，要有个说法，包括让自己的家长知道情况。不能不交作业就不交，没有人管没有人问。班主任掌握学生的作业情况是为了更好地帮助学生解决学习上的困难。

实施本方案的目的是便于班主任、科任教师和家长及时了解学生课外作业完成、交纳情况，不是为了整学生，更不是只看结果，导致学生为交齐作业而不择手段。

（五）关于交作业流程的说明

关于交作业流程，有两点说明。

①以上管理是精细化的、理想化的，运行起来也是烦琐的，会遇到各

种问题。所以，它只适用于不交作业情况不是很严重的班级。如果一个班级有大量的学生不交作业，这样做就会很痛苦。希望班主任斟酌或采取其他措施。

②这套管理方案仅仅起到了控制作用，是治标不治本的。要想真正解决学生的作业问题，必须有其他教育和管理措施配套。比如，对于抄作业，我班设有四个监督员，严格禁止抄作业。再比如，有些学生不交作业是因为不会做，教师要切实解决学生学习上的困难，而不仅仅是管住交作业这一环节。我们班有小组合作制、导师制（一帮一），用团队的力量帮助学习有困难的学生。此外，学习态度（动机）问题，这是最难解决的，也不是用一种方法就能解决的。它超出了本方案能控制的范围，需另外解决。

一种方法，不能解决所有问题，只能在某个问题或某个问题的局部上发挥一定作用。

（六）强化交作业管理对学生的教育要点

教育要点如下。

①不要让学生误解了老师的用心。要向学生说明：严格管理交作业问题，不是为了打击学生，而是为了让信息更透明，让老师和家长更了解情况。老师只有了解情况，才好及时采取措施帮助学生。老师不会因为你某次作业没交或某门功课学得不好就否定你这个人，也不会对你的困难视而不见，前提是你必须做好分内的事。

②流程看上去烦琐，但从另一个角度讲，正是为了有效遏制学生不交作业的风气蔓延，才采用如此严格而烦琐的管理程序。这让所有学生明白，学习是学生的天职，完成作业是一个合格学生的基本责任。不要说没用的大道理，任何借尊重学生个性、保护学生自由生长之名，行不约束、不教育、不管理等不作为之事的行为都是对学生极不负责任的。不完成作业可能有各种原因，但对自己不完成作业的行为没有任何反思和改进是不

允许的。学生必须为自己的行为负责。所以，不交作业，需要写说明书和反馈单，需要有家长和科任教师签字。这些措施就是为了让学生明白，不可以用随随便便的态度对待自己的任务。

③不想找麻烦的最好方法是认真完成作业。只要认真做作业并按时交作业，就不会办理以上任何手续，也就能让烦琐的程序和你无关。所以，烦琐的规则只对不遵守规则的学生适用，与认真的学生无关。

④单子用得越少越好，不用最好。管理的目的是提高学生对交作业的重视程度，大家都重视了，问题就少了，自己也就进步了。这个过程，其实就是从原来的粗放式管理到精细化管理，再到自我管理的变化过程。

（七）交作业流程在实际运行中遇到的问题以及解决方案

几个问题与解决方案如下。

①学生问：我今天只是来迟了一点，没来得及交作业，作业我都完成了，也需要填写两张单子并让家长签字吗？

答：要的。一张都不能少。如果你不想有这种麻烦，以后就早一点儿来。这也是对你迟到行为的一种小小的惩戒。

②学习委员问：有人不来拿说明书和反馈单，需要我发给他们吗？

答：你可以适当提醒但不是必需的。开始阶段恐怕你要辛苦一点，等大家都有这个意识了就不需要了。你只要把汇总情况交给我就行。如果我手上的名单和说明书、反馈单对不上号，我会直接找当事人。

③学习委员问：课代表嫌填写一式两份的名单太麻烦，可不可以省掉一张？

答：交给科任教师的那张不能省。汇报到你这里的名单，如果他嫌麻烦，也可以直接在你的单子上填。我只需要每天收到汇总的名单即可。具体怎么做，你看着办。

说明：规则运行一段时间后，总体情况良好，每天收到的单子越来越少，目的基本达到了。对各种单子交纳不到位的学生，班主任要做跟进，一个都不放过。所以，一开始比较麻烦，但一旦熟悉流程了，学生也养成了及时交作业的好习惯后，就会越来越省事。

（八）交作业问题的管理心得

班主任一开始要对规则进行详细解读，初始阶段一定要盯紧，不要嫌麻烦。有问题的学生（如不交反馈单）要一个一个找。如果需要，把家长也请来。要不惜一切代价管理好，要在学生心中牢牢建立一个概念——班级出台的规则是认真的，一定会严格执行。要么不做，要做就做到底。学生发现没有空子可钻，自然就会知难而退，转而去想别的办法。

记住，不要让任何试图试探、挑战班级管理规则的学生得逞。

学生心里很清楚，试探的结果如果是班主任坚决的回应，他以后就不会再动歪脑筋、耍小聪明了。时间长了，大家就会养成自觉遵守规则的习惯，养成一种素质。

二、保洁管理

卫生工作是班主任常规工作之一。保持教室内外的干净、整洁，意义不仅在于拿到卫生流动红旗。它关乎每个人的健康、心情，关乎班级风气，也关乎学生的班级幸福感、集体荣誉感。良好的卫生环境就是一种良好的氛围，做好值日对培养学生的责任心和工作能力也有重要意义。所以，事情虽小，意义不小。对此，班主任不能等闲视之。

卫生工作虽然属于班级的常规管理工作之一，但与其他工作相比，它相对独立，而且技术性比较强。无论你带的是什么样的班级，卫生工作是只要用心就能做好的。卫生搞好了，可以为班级在其他方面的发展打下基础。然而，在实践中我们发现，很多班主任确实不善于在卫生工作上动脑筋，花了很大力气，也没有很好地解决问题，教室里依然经常乱糟糟的。

（一）关于班级卫生的几个指导思想和做法

班主任工作要用战略指导战术，方向错了，再努力也是白搭。卫生工作也是如此。要打好班级卫生这一仗，有一定的技术固然重要，但指导思想更重要。没有正确的理念，很容易出现事倍功半的问题。关于如何搞好班级卫生，几条战略性指导思想如下：

①保持班级卫生状况良好的关键不在于每天安排多少人、打扫多少次，而在于培养学生少产生或不产生垃圾、不随手乱扔垃圾的习惯。

班主任如果仅仅考虑在班级安排重兵勤打扫，而不注意培养学生好习惯的话，就算你打扫得再干净、次数再多，也架不住学生乱扔！

为了说明这个问题，我举三个在我所带班级里做过的试验。

【案例8-1 "无值日生教室"试验】

这个试验是在一次新接班开学后不久做的。我冒着得不到卫生流动红旗的危险，对学生发起了一项挑战——能不能在不安排保洁值日生的情况下保持教室的大致整洁（特殊岗位，比如擦黑板除外）。我对学生说，我们一起来看看，无人打扫卫生，教室里会脏到什么程度。试验的结果是很多人没有想到的。由于没有值日生可以依靠，班级一旦脏了，大家都是受害者，所以，学生开始想各种办法，齐心协力，共同维护班级的卫生。结果，在一个月的试验期内，基本上保持了教室的整洁。这次试验给学生留下了深刻的印象，他们明白了一个道理：教室的干净不是"打扫"出来的，而是"爱护"出来的。如果共同爱护，完全可以少排甚至不排值日生。试验结束后重排值日生，每天安排三个人大家就觉得已经很多了。

【案例 8-2 "每周四天保洁工作制"试验】

既然没有值日生都能做到,四天工作制就更不难了。一个星期上学五天,留出一天为"无值日生日"。在这一天中,除了擦黑板的同学,不安排任何保洁人员。在这一天,原来的值日生就成了卫生巡视员,负责检查、提醒。至于每周哪一天不打扫卫生,则是可以变化的。大家轮流担任检查人员,效果好的,可以多几次免打扫机会。如果没有值日生的这一天教室里很脏,势必会增加后一天打扫卫生同学的负担,那么从下一周起,这一天的免打扫资格就将被取消。试验为期一学期,结果证明每周只打扫四天卫生是完全可行的,而且也减轻了学生的负担。

【案例 8-3 "不设垃圾桶的教室"试验】

创建"不设垃圾桶的教室",曾经成为我们的班级品牌之一,也引来不少班主任的跟进,我们的努力都取得了一定效果。

在长期的观察中,我发现了一个问题:教室的垃圾数量和班级的管理水平成反比,管理不善的班级一个很显著的标志就是垃圾成堆,且学生会随手乱扔垃圾。

为了解决教室里的垃圾问题,班主任一般会采用两种做法。第一种,安排专人换垃圾袋,而且增加更换的频率,满了就换(否则会溢出,很不雅观)。第二种,增加垃圾桶的数量和体量,以盛装更多的垃圾。但是,我同时还发现一个现象:无论教室里放多少垃圾桶、体积有多大,都会装满。这说明以上两种做法都是治标不治本的。

我用的是釜底抽薪的方法。解决教室里垃圾问题的关键是让学生养成尽量少产生垃圾、不乱扔垃圾的习惯。除了加强教育外,采取一定的措施也是必要的。方法之一是减少垃圾桶的数量,让学生扔垃圾不方便。方法之二是让离垃圾桶位置最近的学生做监督员。因为垃圾多了,第一个受害者就是他,因此这个职务非他莫属。监督员的主要职责就是经常观察,提醒同学走近一步，杜绝投篮式扔垃圾，而且垃圾桶满了就不能继续往里扔。

两种措施同时使用，经过一段时间的试验，我下决心把最后一个垃圾桶移走，看看会怎样。没有了垃圾桶也就没有了依靠，过去随手一扔即可，有时候还扔不到位，丢在旁边又懒得去捡起来，看着非常不舒服。教室里没有了垃圾桶，总不能直接扔在地上吧。学生一开始很不习惯，但是条件的改变逼着学生想办法适应新形势。我教育学生，教室里的垃圾都是我们自己制造的，我们在同一个环境下生活，干干净净，每个人都是好环境的受益者，否则，大家都是受害者。好环境不是给别人看的，而是我们自己享受的。为了不破坏环境并且不给自己制造太多麻烦，就要尽量不制造垃圾，即使有少量的，也可以随手带走。校园里放置了不少公用垃圾桶，下楼的时候带走即可，习惯了就不会觉得麻烦。

与这项措施配套的是，每天检查抽屉内部，防止学生偷懒把垃圾留在里面。否则，不设垃圾桶就完全成作秀了，反而更不好。

没有垃圾桶之后的教室看着清爽多了。时间长了，大家就适应了这样的生活。班级的卫生状况不仅没有变差，反而更好了。

教室里摆放垃圾桶，本意是为了方便学生的生活，但凡事都有两面性，生活确实方便了，但也助长了学生的惰性，增加了保洁的难度。教室里堆着垃圾，污染环境，令人不愉快，对健康也不利。

这些试验本意不是想标新立异，而是想把班级保洁工作的意义做一些拓展。不是限于"打扫卫生"这个层面，而是延伸到班风建设、学生健康、文明素养、高效管理等多个方面。

②"各人自扫门前雪"不是自私的表现，而是对他人负责的起点。

我所带的班级每天负责地面保洁的有三个人，一个负责室外，两个负责室内；另外组织男生每周拖地两次。虽然人手不多，但劳动强度并不大，打扫时间大约 10 分钟。如何做到的呢？原来，他们只做公共区域的保洁维护工作，其余的工作都分解到每个学生自己完成了。

首先，划定每个人的责任区。每张课桌椅的周边就是学生各自的承包责任区。每人必须保证自己的责任区内没有纸屑或杂物，不能把这个工作推给值日生。每天放学前要做一次检查清理（地面、桌面、抽屉内部），确保责任区内的整洁。劳动委员检查时，对于责任区内出现的问题只追究具体责任人，与值日生无关。教室每天有固定的卫生检查，检查项目之一就是责任区保洁情况。在非固定检查时间内，无论是我、劳动委员还是执勤班委，看到有不干净的地方都会提醒责任人及时清理，不允许垃圾长时间留在地面上。

我认为"各人自扫门前雪"不是自私的表现，而是对他人负责的起点。如果连自己都管不好，怎么谈得上对他人、对集体负责？管好自己的一亩三分地，也就减轻了班级的保洁压力，对集体做了贡献。当然，这是有责任感的起点而不是高要求。

其次，课桌椅的整齐排列有学问。一间教室看上去整洁舒服，除了地面没有纸屑、杂物外，一个很重要的标志就是桌椅排放整齐。通常情况下，排桌椅是值日生的任务，但这项工作较为烦琐而且不容易排整齐。一个较好的解决办法还是"各人自扫门前雪"，让学生自己排，值日生仅做微调。

要想实现这一点，必须经过两步。第一步，给每张课桌设定好坐标。可以用地面的地砖缝作为标志。地面没有经纬线的教室可另外找参照物，如窗户的位置、教室侧面墙砖等。只要用心去找，不难做到。要让每个学生都明确自己课桌椅的坐标。第二步，让学生养成每天放学后把课桌椅定位在坐标上再离开教室的习惯。这个需要经过一段时间的训练，一旦养成习惯，便会大大减轻值日生的负担。

③班级卫生状况要进入良性循环，关键在于防止出现"破窗效应"。

对容易产生垃圾的重点责任区（如教室后排地面）随时进行检查，严防"第一张纸"出现。因为根据"破窗效应"（一个房子如果一扇窗户破了，没有人去修补，隔不久，其他窗户也会被人打破），地面上只要有一张纸不被捡起，就会接着出现第二张、第三张……教室保持干净的秘诀就在于谁都不愿意"冒天下之大不韪"做破坏优美环境的第一人。

④要营造氛围，将教室卫生与个人素质联系起来，通过保洁工作提升

学生的文明素养，不是为打扫卫生而打扫卫生。

除了教师的口头宣传教育，在教室里合适的地方张贴一些温馨提示语也是一种辅助方法。

⑤提升关于"班级卫生"的品位，由"干净"向"美化"发展，由"争取卫生流动红旗"向"经营班级环境文化"发展，由"爱护环境"向"环境育人"发展，由常规工作向创造性劳动发展。

上文提及的一些想法和做法有些实际上已经超越了"打扫卫生"的层面，融入了更多育人的理念。当我们把卫生工作提升到打造班级品牌和班级文化的高度来一步一步做的时候，这项常规工作就显得更加有意义，也更加有创新性了。学生对这个问题的认识也是在班主任的引导下逐步提高的。

它的起点和底线是干净，在此基础上进行环境美化工作，让教室不仅要"净"，而且要"美"。再深入，如果班主任能根据班级特点，带领学生沿着一个班级发展的主题持续努力，那就是锦上添花的事情了。此时的环境布置就开始有了文化建设的意味，而且有了主线。我们可以给班级起一个好听的班名，班级文化建设围绕班名展开。班级的环境，构成一种氛围、一种熏陶，对学生成长有潜移默化的影响，即所谓"环境育人"。优美的班级环境不仅让所有身处其中的人，包括教师、学生和家长，心情愉悦，增加幸福感，而且可以形成班级特色品牌。人的素质提高后，又能更好地爱护环境，这是一种良性循环。总之，这是一个系统工程，需要长时间慢慢做。每前进一步，都会有很多收获，班级生活也由此变得不再单调。

当班主任把卫生工作与营造班级文化工程联系起来，把打扫卫生与发展学生联系起来时，就不会再为"怎样让教室变干净"这个问题而苦恼了。

（二）科学合理地编制班级保洁值日生表

克服众口难调的障碍，编制一张令大家满意的值日生表是搞好班级保洁工作的前提。卫生打扫靠大家，只有学生乐意去做，才可能做好。我在设计值日生表时，主要遵循的原则有：让合适的人做适合他的事、最大限度地尊重学生的自主选择权、多劳多得、自由选择与严格要求相结合等。具体措施如下。

1. 各司其职

按人设岗在技术层面不难做到。要通过合理安排，确保一人一岗。如果哪位学生在做值日生那天没来，则由劳动委员安排其他同学临时替补上去，等同学回来后再补上。

2. 所有区域均有常态保洁，教室内外不留卫生死角，取消大扫除

班级定期搞大扫除，似乎是一项常规工作，没有人想过为什么要这样，能不能不这样。取消班级大扫除，是一个创新。大扫除的目的无非就是消灭卫生死角。正是因为班级平时仅仅在面上做一些保洁工作，遗留了一些角落长期无人打扫，才产生了一个个所谓的卫生死角。如果在安排值日生的时候注意到了这点，班级没有卫生死角，那么大扫除自然就可以取消。所以，在设计值日生表的时候，要充分考虑到这一点，化整为零，把原来在大扫除时才清理的角落，如窗户、门、电扇、墙壁瓷砖等，分解到平时的常态保洁中，确保这些地方经常有人关照。换言之，值日生安排表是日常保洁和大扫除分工二合一的任务表。

3. 劳动任务固定，每人只需做一件事，在各个岗位上培养学生"爱岗敬业"的品质

如果平时保洁和大扫除是分别组织的，那么势必造成这样一种状态，即学生一会儿做这个，一会儿又去做那个。这不仅增加了班主任的工作量，还不便于组织管理，工作质量也难以保证。如果按照上面的思路，把大扫除和平时的保洁整合了，就可以实现岗位固定。每个人有固定的劳动任务，好处是很多的。首先，每人只需做好一件事，不容易遗忘。其次，

责任人明确，便于检查督促。最后，长期从事一项工作，可以熟能生巧，从"业余的"变成"职业的"，工作质量和效率都可以大幅度提高，甚至可以诞生"岗位明星"。"干一行，爱一行"是一种很好的心态，"三百六十行，行行出状元"，更是符合多元智能理论。要培养学生的这种良好品质，就要从身边的小事做起，值日生工作就是其中之一。

4. 部分岗位可以不设固定打扫的时间

要鼓励学生见缝插针式地做保洁。只要能保证自己的责任区是整洁的，经得起检查的，就不必强制在某一时间段里统一打扫。当然，前提是搞卫生不能影响其他同学的学习和健康，也不得占用公共活动时间。这样做的好处是化整为零，既能提高效率，也能给学生一定的自由度。但也可能带来一些弊端，比如，遗忘劳动任务。所以，这项举措必须建立在大家保洁习惯的养成和配套的检查制度健全的基础上。

表 8-6 为"班级保洁值日生安排表"，供参考。

表 8-6　班级保洁值日生安排表

序号	劳动岗位	打扫时间	保洁要求	责任人
1	擦黑板	星期一	随时保持黑板干净，放学后水洗	略
2	黑板前地面保洁	随　时	随时保持地面无积尘、粉笔头、纸屑	略
3	讲台保洁	随　时	随时保持讲台台面整洁，每周清理讲台内部	略
4	电视机柜保洁	每周一次	保持电视机机柜整体整洁	略
5	教室后排地面保洁	随　时	随时保持教室后排地面整洁	略
6	左前窗保洁	两周一次	内外擦拭，保持光亮（含窗台）	略
7	前后门保洁	两周一次	内外擦拭，保持清洁	略
8	拖地	星期一	教室内全部地面	略

序号	劳动岗位	打扫时间	保洁要求	责任人
9	教室地面保洁	星期一	清扫地面，保持清洁	略
10	包干区保洁	星期一	随时清扫，保持清洁	略
11	教室内外瓷砖	每周一次	保持教室内外瓷砖整洁，墙裙每周轮流擦拭	略
12	总负责	每天下午	全面检查，查漏补缺，关灯、关窗、关门	略

（三）值日生工作的检查

要想保持班级卫生状况在一个比较高的水准，每天规范的检查、督促必不可少。值日生工作的检查分成两种。

第一种，固定时间检查。项目是常规保洁工作，如扫地、拖地、换垃圾袋等，每天下午放学后进行，由值周班委负责。

第二种，不固定时间检查。擦门窗、擦墙壁瓷砖等工作，一两个星期做一次即可。采用"弹性工作时间"做保洁，承包人可以根据自己的情况，在规定打扫周期内的任何时间里完成即可。承包人完成任务后在相关表格上签字，由劳动委员检查。一旦超出打扫时间，表格上还未出现签字，就说明这个岗位的保洁工作出了问题：或者没有打扫，或者打扫后忘了签字，需要及时告知、提醒，还不改正的，就要实施处罚。如果没有打扫就签字，打扫的等级不合格，就要返工。具体可参考表8-7。

表8-7　卫生工作完成情况记录表

岗位编号	1	2	3	4	5
保洁内容	多媒体设备	左前窗	右中窗	右后窗	前后门
劳动周期	每周一次	两周一次	两周一次	两周一次	两周一次
责任人	略	略	略	略	略

岗位编号	1	2	3	4	5
完成时间					
责任人签字					
完成情况					
检查人签字					

（四）把学生培养成劳动能手

精心设计值日生表，科学分配劳动岗位，只是班级卫生工作的起点。相对于高质量地完成任务，前期的工作都是简单的。加强检查，对逃避打扫卫生或者劳动质量很差的学生予以一定的警告和惩罚，只能起到督促作用，充其量可以解决"打扫不打扫"的问题，并不能提高学生工作的主动性和能力，学生工作还是比较被动的。要想切实提高保洁工作的质量，关键还在于学生认真做事、会做事、做得好。现在，很多学生在家里都基本不做家务事，所以，不会做事是普遍现象。不要说学生，现在有些年轻的班主任自己也不会做事。我发现在一些班级里，班主任如果看到学生劳动不好，就只会埋怨、指责，这显然不是办法。劳动不好，有的学生是因为态度问题，有的学生则是能力问题，他是想做的，只是没有能力做好。对这类学生，批评、指责根本不能解决问题。正确的做法是，对学生进行一定的指导和帮助，让学生在实践中得到锻炼，从不会做到会做，从会做到做得好，甚至把学生培养成劳动能手。

关于值日生的培养，在本书第三课中已有详细说明。

（五）其他一些细节

1. 劳动工具的放置

班级的劳动工具要齐全，有专人负责看管、打理，遗失、损坏要及时补充、更换。使用损坏的劳动工具，不仅影响工作质量，还有安全隐患。平时，劳动工具要有固定的放置地方，摆放整齐。可对工具摆放设立一定的标准。

2. 想办法给学生增加放置物品的容器和空间

学生书本、文具、饭盒等物品较多，大多数学校都没有独立的学生储物柜，不仅很不方便，而且学生的东西到处堆放，也很不美观，对班级卫生质量会造成一定影响。在这个方面，班主任也要善于动脑筋，想办法，尽量开辟出专门的空间供学生摆放私人物品。在我所带的班级有规定，放学后要清理桌面和抽屉，抽屉内物品整齐放置（有检查），桌面上则必须保持光洁，什么东西都不能放，这样教室看上去就非常整齐。但是，学生桌面上的东西很多，抽屉里放不下怎么办？想办法啊。我们班级的一个解决办法是在教室后排设置专门给学生存放物品的整理箱，箱子侧面贴有标签予以区分。

3. 清理教室卫生的同时可以回收资源

垃圾分类的环保理念要从小培养，班主任可以在这个方面动一点脑筋，首先搞清楚学生每天产生的废弃物中哪些是可以回收的，哪些不可回收。收集可回收垃圾可以减少垃圾数量，还能增加收入。这项工作也要找专人负责，学生对此会非常感兴趣，对培养学生良好的素质很有帮助。

比如，在班级里放置饮料瓶回收桶和报纸、废纸回收箱。通过这两项回收措施，每个月可以增加一些班费。

班级卫生问题，反映了班级管理的水平。它涉及诸多创新理念和改革做法，很有技术含量。营造干净、优美的班级小环境，可以让学生安心学习，享受校园生活，提高文明素质。所以，卫生工作也是学校教育的一个重要环节。

第九课

掌握班级偶发事件
的处置策略

一、师生冲突

大量的师生冲突都是由很小的事端逐步升级而导致的，而控制事态发展的主要力量来自教师，无论是从师生双方的地位差异还是从教师的职业要求来说，都是如此。

"在学生面前永远保持冷静"是我工作中一直坚持的。有了这条工作原则，很多问题都可以得到妥善解决。但有教师提出异议，认为教师也是普通人，也有情绪问题，在绝大多数情况下，都是因为学生太无理、表现太不像话，教师忍无可忍才爆发的。

我的回答是，即便如此，教师仍然需要在学生面前保持冷静，给学生做榜样。一个巴掌拍不响，一方冷静能促使对方平静。有些教师认为，应该用真性情去面对学生，喜怒哀乐溢于言表，这样才是真实可信的教师。但是，真情流露和不会控制情绪是两个完全不同的概念。学会很好地调控自己的情绪是班主任的基本职业素养之一。

为什么即使是学生有错，甚至是无礼冒犯，教师依然要保持冷静、克制呢？原因是你是教师，是班主任。你不能和学生或家长相提并论，他们是你的工作对象，教育是你的工作而不是他们的。他们可以不懂教育规律、不懂礼貌、不控制情绪，而你不能。你是专业人士，他们不是。你不控制情绪，难道寄希望于学生或家长安抚你的情绪吗？

这就是教师的角色意识。教师虽然也是普通人，但因为从事的是一种特殊的职业，所以就应该是普通人做出不普通的行动。尽管教师也经常遭遇委屈、误解，但是我们必须明确，这是我们的职业特点，我们必须这么做，别无选择。建立这个意识有助于教师保持心理平衡。

还有部分教师认为，现在的学生碰不得、家长惹不起，教师成了"高危职业"，弄不好就会被投诉，而一被投诉吃亏的往往是教师一方。所以，对学生的违纪行为干脆睁一只眼闭一只眼，省得吃力不讨好。对这种说法，我也不赞同。我认为，从教师的职业权威以及与学生年龄、阅历等方面的差距上判断，绝大多数情况下，教师对学生而言依然是强势的。不能因为一些个案就认为教师已经是弱势群体。正因为如此，教师在化解师生冲突方面，应该占据主动位置。

只要教师把握好"在学生面前永远保持冷静"这条原则，绝大多数的冲突将不复存在。我们往往过多追求技术上的解决方案，却忽视了最简单、最有效的原则。

科任教师应该做到自己的课堂自己负责，除非万不得已，不要把问题扔给班主任解决。一有搞不定的事情就把学生推给班主任的科任教师是不受欢迎的。但是，因为各人的能力、水平、个性不同，或者事件已经超出了科任教师能解决的范围，班主任就不得不介入了。那么，在这样的情形下，班主任应该采取什么行动呢？

（一）平息事态

无论师生冲突的起因、责任如何，班主任首先要做的就是以最快的速度介入，平息事态。平息事态的最佳方法就是把双方分开。常见的如把学生带离现场，换一个环境。在分离双方时要注意，先不问对错，不立即呵斥学生，不要带有明显的倾向性，但行动一定要果断、坚决，态度要严肃。

（二）稳定情绪

分开冲突双方后，要给双方一些时间，先冷静下来再说。一般情况是教师继续上课，学生被移至他处。如果教师因冲突拒绝继续上课，则应劝解教师顾全大局，对全班学生负责。如果劝解不成功，则应安排好学生自习，由班委维持课堂纪律。此时班主任应该密切观察师生双方的情绪和行为，判断是否应该立即向上级汇报或将学生送到德育处。如果可以控制局面，建议先由自己处理，暂不惊动学校领导。当然，这要根据当时的事态而定。

把学生带至他处，最好是相对独立的空间，远离人群，如空教室、操场上。班主任不要在学生气头上询问，此时询问不会有好的效果。学生失去了攻击对象，可能会把怒气发到班主任头上，这是正常的。可以让学生坐一会儿，冷静下来。学生在激动时往往语无伦次，词不达意。比较妥善的办法是拿出纸笔，让学生写出事情经过。这样既可以了解情况，又可以耗费一些时间，让班主任有机会思考一下对策，也可以让学生激动的情绪得以缓解。

（三）调查了解

班主任可以趁学生写材料时去班级里向第三者询问事情经过，对此前发生的事情进行了解，必要时也可以让学生写一些书面材料。待学生最初的冲动过去、情绪逐渐稳定后，班主任就可以开始与学生谈话。谈话的时间最好是学生已经写完事情经过，而班主任心中已经大致有数的时候。

（四）疏通思想

事情调查清楚后，班主任可以根据情况和情节进行处理。

1.学生负主要责任

①情节严重到已经超出班主任可以处理的权限时，应立即向学校领导汇报，移送校方处理，班主任积极协助。

②情节较轻达不到处分级别时，应严肃指出学生的错误，令其写出思想认识经过，班主任留存。要求犯错学生向科任教师道歉并做出书面检讨，以求教师的谅解。征求教师意见并做一定的调解，争取妥善解决。因为事情发生在课堂上，全班同学都目睹了过程，所以当事学生应该在全班范围做出检讨以正班风。将学生的违纪行为和处理结果告知家长。

③情节轻微，师生双方已经和解，则可以不通报家长，也不一定在全班面前读检讨书，但班主任要对其行为在全班进行批评教育。保留所有书面材料。

2. 双方都有责任

①站在学生的角度和学生说话，对学生的行为表示一定程度的理解（不是支持）。

②严肃指出学生的问题，要求当事学生就其错误的部分做出检讨，教育学生勇于担当责任。

③站在科任教师的角度说话，解释教师为什么会这样，希望学生理解老师。

④站在班主任的角度和学生说话，说明这样的事件给自己和全班带来的困扰，对学生表示发生这样的事情让班主任很为难。

⑤指导学生以后如何处理类似的问题。

⑥与科任教师沟通，帮学生说话，向科任教师表示将继续加强对学生的教育。

⑦做通双方思想工作后，安排教师与学生见面沟通，班主任陪同。提醒学生，为避免继续扩大事态，要克制自己的情绪，无论教师说什么都不要冲动。争取尽快解决问题。

3. 教师负主要责任

①对学生表示理解。

②教育当事学生，即使教师有错在先或有责任，也要首先考虑自己的

责任。

③安抚学生的情绪。

④与科任教师沟通。

⑤向学生转达科任教师的歉意。

⑥和学生共同研究以后如何与这位教师相处。

⑦对全班做出解释，但注意维护科任教师的形象。

⑧如果教师的侵权现象比较严重，可以向上级主管部门汇报。

注意：在做以上所有事情的同时，班主任要做一定的记录并保留有关资料。

无论事件如何处理，班主任都要以此为教育资源教育全班，以后面临这样的情况，当事人应该如何应对、周围同学应该采取什么行动、班干部应该如何行动。要在班级里树正气，设置"高压线"，维护教师的形象，更为关键的是，要让学生知道发生这样的事件对班级造成的负面影响。

【案例9-1　缓兵之计】

一个炎热的中午，语文课代表小徐找到我："今天语文课又缺了8个人。"

我问："怎么回事？"

"不想听呗，也听不进去。"

"你怎么看呢？"

"如果我不是课代表，我也走了，反正就是听不进去。"课代表丢下这句话，头也不回地走了。

我知道学生为什么有情绪。进入高三最关键的一学年，学校因为重视，换了几个老师，本意是好的，但偏偏学生不领这个情。问题的焦点集中在了语文老师身上。原来教我们班语文的是一个年轻的女老师，活泼外向，口齿伶俐，一口流利的普通话，学生都喜欢。我们班的语文成绩也不错。现在换的这个老教师，50多岁，快退休了，刚带完一届毕业班，下来就接了我这个班。经验当然很丰富，但年龄、外貌、个性和教学风格与原来的小老师反差太大。学生被小老师带了两年，适应了她的教学风格，冷不丁换了一个老教师，完全不能适应。

老教师刚上了一节复习课，底下就怨声四起。天气又热，两节课下来，开始有人打瞌睡了。再过两节课，有人逃课了。不逃课的学生，在上课时睡倒一片。老教师也很不满意，还是什么好班呢，语文课根本不听，高考拿什么考！

我是有苦说不出。学生在用自己的方式 —— 睡觉、逃课发泄不满。

老教师还不明就里，依然在勤勤恳恳地备课、上课，全然不知底下的学生已经造反了。

我该怎么办？领导说了，小老师是不可能换回来的，学校的人事安排不是儿戏，哪能说换就换？学生的投诉没道理，老教师的教学没有出问题，问题出在学生身上。

考虑良久，我首先强化了这次补课的纪律要求，不论什么课，不允许旷课，这是硬性规定，任何人旷课一律严肃处理。其实，这就是说给那些逃语文课的学生听的，因为到了高三，别的课没有人逃。我得把他们先拉回课堂再说，他们还没好好听过新老师的课，只是从感情上不接受就采取逃课的方式对抗，显然是错误的。这个是非必须明确，其他的问题可以商谈，但纪律问题不能谈判。

然后，我对大家解释道：

"大家对我们班换的语文老师有想法，这很正常。有意见通过正常渠道来反映，也很正确。但有人以旷课的方式表达意见，这就彻底错了。时间是自己的，学业也是自己的，损失当然也是自己的。旷课是严重的违纪问题，是要受到处分的，这个性质，大家要搞清楚。

"至于你们反映的情况我已经转告给学校领导了，相信领导会给大家答复的。你们耐心等几天，让领导研究一下。在此期间，你们的任何违纪行为一来要受到处理，二来也十分不利于问题的解决。希望大家能成熟一点，不要再做傻事。"

因为事先我和几个学生交谈过，大家的情绪都很激动，我很清楚在这个时候和他们谈是谈不好的，必须得让他们冷一冷。所以，我首先使用缓兵之计，拖一拖。

其间有学生经常来问我："领导怎么说了？能不能换啊？"

我总是回答："你们先把课上好，才能争取主动，否则免谈。还有，你们得给领导一些时间研究、讨论。"

语文课人虽然到齐了，但效果依然不好，睡觉的人很多。

我继续按计划做学生的思想工作：

"同学们，人各有所长，多听听不同风格的老师讲课对你们只有好处，没有坏处。我们的这位新语文老师多年来一直带高三毕业班，学校换老师肯定是有道理的。高三的复习时间那么宝贵，放着大好的时间不学习，谁吃亏呢？要是一个月不换老师，你们就一个月不听语文课？再者，到时候学校征求大家的意见，你们连人家的课都没有好好听过，能说出什么理由来呢？"

听我这么一说，大家觉得有道理，既然想换老师，那就要好好挑挑这位新老师的毛病，不仔细听怎么能找出问题呢？

新老师一心只在教学上，她还不知道情况，我也没有告诉她。但我对她说："你刚接的新班，先拿点厉害的镇住他们，让他们知道高三精彩的语文课是怎么上的。"

学生为了挑新老师的毛病，打起精神仔细听讲，我眼前的目的达到了：让他们能安下心来听语文课。这就是最好的磨合。

一周拖下来，学生渐渐平静下来，但仍有人念念不忘换老师的事。我想，大多数人已经开始接受新老师了，也渐渐适应了新老师的教学风格，该是彻底解决问题的时候了。

我召集几个带头闹意见的学生开了一个小型座谈会，用摆事实、讲道理的方法进行沟通。

我问："新老师教你们两个星期了，我要你们收集大家对以下三个问题的答案。"

1.老师的教学态度有没有问题？

2. 老师的教学水平有没有问题？

3. 你们赌气不听老师的课，老师有没有赌气不认真上课？

得到的自然都是否定的回答。

我继续问："你们认为一个好老师的标准是什么？年龄、长相、性格，还是责任心和教学水平？"

我指出了学生对老师评价中的片面性，指导他们全面地看问题，看问题的主流。

然后，我使出了撒手锏。

"这位老师教上一届学生语文时，也面临同样的处境。你们的学长和你们一样，也曾经要求换老师，但后来学校坚持不换，她教的班语文成绩明显超过其他平行班，而有的平时人气很高的老师，成绩反而不如她。现在什么对你们是最重要的？你们应该很清楚。退一万步说，即使换掉了老师，你们的成绩就一定会提高吗？这位老师最后拿出来的成绩让我有信心。你们是安心学习，还是无休止地闹下去？怕是等你们闹出结果来，离高考也就不远了。与其把精力耽误在琢磨换老师上，不如用在努力适应高考的氛围上。时间宝贵，我们经不起折腾。如果你们带个好头，做一下同学的工作，效果一定比带头投诉老师好。"

学生被我说得不吱声了，但我看得出，他们心动了。我赶紧给他们台阶下："不要急，回去再考虑考虑，想不通的可以和我个别交流。我们坚持一个月，你们安心复习，等9月份第一次统考下来，如果语文成绩大幅度下降，不要你们说，我自己就会去要求换老师。"

一场风波，总算是平息下来了。学生重新回到了课堂上。统考的结果，当然不会差，后来高考的结果，自然也没有让人失望。

不"打"不相识，慈眉善目的老教师在毕业典礼那天，成了最受学生欢迎的人。这种感情，不仅源自对自己考试成绩的满意，更来自一种曾经对别人的误解产生的愧疚。这种小小的负罪感，促使他们好好学习语文，并最终对这位认真负责的老师产生了美好的情感。

二、群体违纪

中学生群体违纪现象也颇令班主任伤脑筋。人都有从众心理，有时候只要有一个学生带头，就会有人跟进。因为违纪人数多，班主任处理起来很吃力。以下几点策略供参考。

①在面上加强对全班的教育，以个案为素材，分析事件的缘由、发展、演变过程，展示案例对全班学生的伤害、对班风的影响，引导学生思考如何吸取教训，防止这类事件重演。

②查明事实真相，找出事件的主使者、跟随者，分清责任。采用"破冰战术"，分别处理。对领头的学生重点帮教，对随大流的学生加强指导。处理有轻重之分。"破冰战术"是对付学生"法不责众"心理的好方法。要记住"团结绝大多数"的原则，教育或惩戒的主要力量用在个别学生身上，不要平均分配，各打五十大板。

③物以类聚，人以群分，班级中存在各种"非正式群体"。班主任要深入了解，哪些学生平时关系较好，他们因什么共同点而结合，有什么活动规律，谁是领头羊。在一些可能出现问题的地点和时间点，比如，管理时间的真空点，做好防范；提前教育提醒、与家长合作，掌握重点学生的动态。只要把班级中有一定号召力、影响力的学生工作做好，发挥他们的正能量，就可以稳定绝大多数学生。

【案例 9-2　一次"简单"的教育】

星期五的天气非常恶劣，几乎一整天都在下雨。

那些能量巨大的男生被留在了室内，如困兽。

篮球是他们的第二生命，来到学校最大的乐趣就是放学后打一场球。

我一直很支持男生打球。但是，打球也会带来一些问题。

学生一开始把球放在教室里，这本来也没什么。但是，课间时，男生经常会手痒，在教室或者走廊上拍球，这样就不好了。教室里玩球，不仅制造了噪音和灰尘污染，还有安全隐患。

中午，我来到教室，一眼看到小强在往后墙壁上扔球，球反弹回来，接住再扔。其他同学在旁边看，有的在做自己的事，熟视无睹的样子。小强玩得很专注，以至于我看了好一会儿他都没有发现我，直到我走到他旁边。

知道自己犯了错误，小强也很不好意思。再看一眼后墙壁，上面已经布满了球印，一面墙壁上斑斑点点。

那么多球印，肯定不是一时所为，也肯定不是小强一个人所为。问小强如何解决，小强说不出个所以然。再问，平时还有哪些同伴也干过这事儿，小强闪烁其词，欲言又止。这时旁边的一群男生就开始起哄了，意思是小强被逮着了算他倒霉，就让他一个人扛，因为我责令小强必须在规定时间里将墙壁恢复原样。其实，他不说我也知道是哪几个。一面墙面积不小，如果一个人做清洁，工作量很大。小强无言以对，因为毕竟是他做错了。

从班级组建以来，我一直注重对学生文明素养和公共道德的培养，从面上看，还是挺不错的，但有一些细节仍然经不起考验，其中就包括一些男生粗鲁、随意、不拘小节和浮躁的问题。几经努力，始终没有实质性的转变。我深感教育之艰难，也感叹习惯力量的强大 —— 要让这些男生绅士一些、品位高一些真不是件容易的事。

而我的难过还来自其他学生的起哄。他们是典型的看客，抱着幸灾乐祸的心态。这几乎是一些高中生的通病 —— 犯错误被发现自认倒霉，只要自己没有被当场抓住，就有充分的理由起哄、围观。

虽然不是什么大事，但是小中见大。我一直想找一个契机好好教育一下学生。现在，一个鲜活的案例就摆在眼前，我要善加利用，把坏事变成好事。

怎么做？尽管事发突然，我并无准备，但我依然一边处理一边思考，寻找机会。

问了小强旁边的好几个学生，过去有没有做过类似的事，得到的回答都是嬉皮笑脸的否认。记住了学生的种种表现后，我转而开始做其他事，对墙上的球印不置一词。

一个中午很快过去了，我给小强限定的整改时间是下周四之前。下午的班会课上，我提示大家停下手中的事情，开始讲话：

"同学们，带大家快一年了。从开学初到现在，我们一直在努力提高素质和培养公德意识，这是比考试分数重要不知道多少倍的事情。但是很遗憾，我们的努力没有取得多少进展。中午我在教室里看到了一幅场景。每一位同学都请回过头去，看一看后面的墙壁，我们看到了什么？（大家齐刷刷地看向后面）

"这是什么地方？这是我们的家！虽然简陋，但我们通过自己的双手把它尽量收拾得干净、整齐，适宜人居。这里有我们每个人的汗水。为什么要破坏它？难道你在自己家里也把篮球往墙上扔吗？

"我今天走进教室，这一面常规优胜红旗特别刺眼！我真想把它扯下来，因为我们根本不配！从有评比记录以来，我们一直保持着这面红旗。但是，请每个人想一想：我们对得起这面红旗吗？我感到很羞耻！

"这个星期有两件事让我很难过。星期三的窗台上出现了鞋印。在我批评了大家，刚刚处理完这件事之后的今天，墙上又出现了球印。这不是偶然的，这些细节告诉我们，我们做得还很差劲！

"但是，最让我难过的还不是这些印迹，而是大家的态度。因为大家都觉得无所谓。一群看客，围在那里起哄，而且只要不是当场被发现，就一定会说——'这不是我干的。'我们的班级公约怎么写的？'勇于担当！'我们有这点责任心吗？小强在往墙上扔篮球，旁边一群人熟视无睹，就没有一个人出来提醒一下？

"这是集体无意识！

"这是我们很多事情不能做好的原因！事不关己，高高挂起，周围的班干部、优秀团员，没有一个人站出来说一句话。这面墙上这么多球印，是小强一个人做的吗？是他在几分钟里做的吗？但是，现在你们都把责任推给他一个人，这公平吗？让小强在两天里把整整一面墙修复，你们就开心了？你们于心何安！

"中午，大家都在笑，我也陪着大家笑，但是，我的心里是很难过的。我一直忍着，直到现在才说。为什么？因为我要等到一个大家都在场的时候。每个人都是见证人，摸摸自己的良心，我们应该做什么？

"我一直在努力想提升大家的素质，但是我没有成功。大家在课间依然哄闹，课堂上依然浮躁，学习上依然没有追求。最近，我们一直在放具有英雄主义的电影，就是放给我们班的男生看的。男子汉，要知错就改、敢于担当，要堂堂正正、顶天立地！要有所追求，要有是非观念。这面墙就是一面镜子，它反映了我们的素质，它记载了我们的不良表现，它是我们班的耻辱！

"现在，我希望男生们用劳动去洗刷自己的耻辱，并且铭记在心。如果大家袖手旁观，就让小强一个人做清理，那是你们自己的决定。

"如果在下星期三时，墙壁还是这样，那么我们就要秉承我们班的风格——课可以不上，考试可以不考，不把这件事做好，我们什么事都不要做！

最后，我想和每位一班的同学说几句。大家在我的带领下，已经走过了快一年的路。我们中的很多人，很快就将离开我的班级。一年时间虽短，但我还是希望能给大家留下一些东西，一些值得你终生回味的东西。即使将来你不在我的班了，也千万不要忘记，自己曾经是一班人，走到哪里都要很自豪，不要丢了我们班的人，不要被别人瞧不起，要以自己的素质告诉所有的人，我们无愧于优秀班的称号！我们要把什么样的墙壁留给下一个班级？我们知道他们会说些什么吗？自己做出选择吧！"

放学后，我们按计划正常召开了班委例会，然后是学生打扫卫生。和几个学生交流之后，等我再次回到教室，发现眼前出现一幅奇观！——七八个男生在一起清除墙上的球印！

孺子可教也！这才像个男生的样子！没有强硬的命令，没有沉重的检讨和虚伪的保证，有的只是行动。行动高于一切！男生们干得挺欢，居然从这样的劳动中也得到了乐趣！

墙壁恢复了原样，还有更多的东西在恢复中。这是他们成长中的一段小插曲。

男生的身影再一次活跃在球场上，一身臭汗！我喜欢！这才是我带出来的男生！

三、意外伤害事故

请看下面的案例。

【案例9-3　一次校园意外伤害事故的处理】

1. 发现异常以及初步处理

今天早晨发现一个情况——小马的左手上缠了绷带和夹板。我赶紧上前询问。小马告诉我是昨天下午放学后打球时弄伤的。"骨折了？""没有，是错位，经过复位，现在已经没事了。"我稍稍放了一点儿心。现在学生出了点儿事，都不愿意告诉家长和老师，尽可能自己解决。但是，像这种事还是应该和我说一声。再问小马："是自己弄伤的还是和其他同学有关？"我是多问了这一句，但这一句也是必要的。

校园意外伤害事故是一个棘手的问题，因此产生的家校纠纷、家长与家长之间的纠纷不在少数。造成这些纠纷的多数原因是处置不当，再有就是责任和利益问题。学校这么大，每天活动这么多，出现意外伤害事故在所难免。班主任在这些矛盾中是"首当其冲"的。所以，我向来比较注意对这类事情的处理。我所要做的，就是尽量妥善解决，不使矛盾激化，而平时积累良好的家校关系会在关键时刻发挥重要的润滑剂作用。

我之所以要多问一句，就是担心这里面会有隐患。学生在学校里出了问题，不管是谁的责任，教师要积极主动，不能回避也不能拖，有了问题躲是躲不掉的，要把工作做在前面，争取主动。

虽然小马的家长没有主动联系学校，但现在我知道了，就不能不过问。我这一问，还真问出东西来了。原来，小马在打球时是和小强发生冲撞导致手指受伤的。那么，小强就有一定的过失责任了。我问小强有没有采取什么措施，小强说当时他把小马送到了医院。我说："小马的家长知道吗？"他说知道，小马的父亲到医院去的，因为要拍片子。小马的家长并没有怪小强，因为知道都是打球时不小心弄的，纯属意外。我最后问小强："你的家长知道吗？"小强说没有告诉家长。

　　我说："这就是你的不是了！这种事你不能这么处理，我来告诉你怎么做，下次万一再碰到这种事就会处理了。

　　"首先，你不是故意的，这点没有异议。但是，不是故意的就没有责任了吗？你要承担道义上的责任。不是别人要求你怎样，而是你应该主动做一些事。大家都是同班同学，你们还是好朋友呢，从感情上讲更应该关心对方，要用实际行动来补偿你给人家带来的伤害。虽然小马和他的家长并没有提出索赔，但不代表人家心里没有想法。人家家长来了，看到你是个学生，和小马是好朋友，又不是故意的，所以没有和你计较。但是，我认为即使是朋友，相处时也应该注意。你没有经验，这不怪你，但你要慢慢学会怎样和人相处。

　　"其次，我知道你为什么不告诉家长，因为你们总是认为自己长大了，告诉家长和老师会有麻烦，能自己解决就想自己解决算了。你们认为自己有能力处理这种事情。但是，你别指望什么事都能自己搞定，有些事并不是你想象的那样简单。你们都是未成年人，都有监护人，有些事情你们没有能力甚至没有权利去处理。像这种事，虽然你不是故意的，但是，小马确实是因为你而受到了伤害。你们可能只想着大家都是好朋友，不会计较的。即使小马是这么想的，你也不能这么想！更不能什么都不做，这不是良好的待人之道，你应该对小马有所补偿。但是，你并没有能力补偿他，所以，你必须告知你的家长。小马对你没有意见，但是如果你家长对小马不闻不问，小马家长可能会有想法的。让你的家长和小马家长打个招呼是应该的。"

本来孩子都是不以为意的样子，但被我一番很严肃的话说得不得不点头称是。为了帮小强一把，我说："这样吧，我来联系你家长。"小强说"好"。

据我后来了解，那天小马的手伤得还是挺重的，当时就担心骨折，拍了片子才确认是错位，复了位之后上了夹板，现在还肿得厉害，需要一段时间恢复。可以想象，当时小马一定很疼。他的父亲赶到医院看到自己儿子的手受伤，一定很心疼。事情并不像他们轻描淡写的那样。小马的家长没告诉我，那是人家通情达理，我们不能就这么心安理得！

小强的家长当时在外地出差，我一直到晚上才联系上，一问果然不知情。我把情况一说，小强的家长很重视，表示明天一定赶回来处理。我说："孩子不懂事，咱们大人不能不懂事啊！出了这个问题，至少要和人家打个招呼吧。"小强的家长说："那是啊！"

我又联系了小马的家长，小马的家长确实通情达理，只说是孩子打球不小心，不怪人家。

有了这种姿态，事情就好办了。我觉得班级里出意外是难免的，但是，关键在于出问题之后大家的态度，像这样和谐一点不是很好吗？

2. 双方家长见面

第二天早晨又和双方家长通了电话，约了下午见面的时间。小马的父亲很不好意思，但还是接受了见面的请求，也验证了我此前对这件事的预测。如果我不提，小马的家长是绝不会主动找我的，但是，心里也未必就那么平衡。作为学生的班主任，我有责任把此事协调好，不能让老实人吃亏。小强的家长事先不知情，也没有过错。现在大家谈开了，那就把问题解决好。

小强的母亲出差一回来就直奔学校。我们一边谈一边等小马的父亲，我把事情经过又说了一遍，有些道理孩子可能不是很清楚，但是，大人沟通起来就顺畅多了。我提出建议，小马的医药费必须由小强的家长承担下来，而且在经济上稍微补偿人家一点，算是个安慰吧。小强的母亲很爽快地答应了。我们接着又谈了不少别的事情，都是围绕着小强的。我说，小强是个很不错的孩子，是班干部，对班级事务很热心，而且非常听老师的话。小强的母亲对我发了一通牢骚，说现在的孩子逆反，和大人有代沟，很难沟通。不过看得出来，她对孩子还是非常宽容、疼爱的。

我和家长交流，绝不会仅仅就事论事，还会聊到很多其他话题，以缓解家长的紧张情绪，就像朋友之间聊天。对家长来说，孩子是永恒的话题，所以，只要和他们聊孩子，总是有说不完的话。班主任和家长之间的关系，也在这种看似随意的闲聊中无形地拉近了。这些似乎都和解决具体问题没有直接联系，但是，其实我每往下深入一步，都是在向着妥善处理棘手的问题的最终目标靠近。

不久，小马的父亲也满头大汗地赶到了。双方家长见了面，有我在，气氛就很和谐了，大家都客客气气地说自己孩子的不是。我说，问题还是你们自己商议，我只是个中间人，负责把你们双方联系起来。小马和小强平时就是好朋友，我希望家长也能成为朋友。我和小马的父亲也聊了很多其他话题。其实归根到底就两句话：第一，小强的家长要和小马的家长当面打个招呼，表达自己的歉意；第二，把小马的医药费给解决了，顺便适当地予以补偿。

虽然小马的父亲很好说话，没有一丝责怪小强的意思，但是，从他说话的口气中听得出来，孩子手指受伤，做家长的还是非常心疼的。将心比心，我完全理解。当然，小强的家长也很理解。小马的家长见到小强的家长如此通情达理，更不提医药费的事了，但是在我和小强母亲的一再坚持之下，答应明天把医药费的单据让孩子带过来。我说："大家都很忙，如果你们信得过我，就让我作为中间人，你们就不必再跑了。"他们当然都很高兴，班主任的作用之一就体现在让家长放心上。

谈话很快结束，家长各自散去，我把他们送到门口。小马的父亲又多留了一会儿，和我谈了一番孩子的学习问题。

送走家长，我才稍稍安心了一点儿。

3. 落实赔偿

第三天拿到了小马的医药费单据，整理了一下，一共是288.7元。这对一个普通工薪家庭来说，也不能说是一点儿都不在乎的。再说，小马为此还承担了肉体上的痛苦呢！幸好我主动介入了此事，否则，小马的家长会怎么想？当然，他们不会怪小强，更不会怪我，但是，心里总不会太舒服吧。现在，能把这事儿圆满地解决，大家都不会有意见了。

我稍作思考，慎重地给小强的家长写了一封短信：

小强家长：

你好！

小马同学的医药费已经整理好，共计288.7元。我建议，除帮小马把医药费解决之外，适当给对方一点营养费，取个整数，500元。以上建议当否，还望考虑。如果有疑问或意见，请给我打电话。麻烦您了！

陈　宇

×年×月×日

我把信折好，和小马的医药费单据以及X光片一并交给小强，让他带回家。

傍晚，我收到小强家长的短信："谢谢你！陈老师。"

第四天，小马把医药费和营养费带过来了，通过我手转交给小马。我让小马给家长带信，要写一个收条，说明一下，收到小马的家长给付的医药费、营养费若干等。让小马明天带过来。这事儿得办得严密些。这件小小的校园意外伤害事故处理才算大局已定。虽然没有费多少事，但是，每一个环节都要清清楚楚。平时大家同学情深、关系好是一回事，遇到问题按一定的规则妥善解决则是另一回事。通过这件事的处理，也让小马和小强增长了经验，以后遇到类似的事件，至少知道应该怎么做了。

4.善后工作

第五天，小马把收条带来了。原文如下。

收　条

今收到小强同学的医药费加营养费合计 500 元整。谢谢小强家长！

某某（家长签名）
× 年 × 月 × 日

小马把收条交给小强，至此，事件圆满解决。

班主任应该熟悉与学生意外伤害事故相关的法律法规，遇事多向法律专业人士请教。

图书在版编目（CIP）数据

班主任的九堂必修课 / 陈宇著. —北京：中国人民大学出版社，2022.7

ISBN 978-7-300-30803-6

Ⅰ.①班… Ⅱ.①陈… Ⅲ.①班主任工作 Ⅳ.①G451.6

中国版本图书馆 CIP 数据核字（2022）第 120483 号

班主任的九堂必修课

陈宇　著

Banzhuren de Jiu Tang Bixiu Ke

出版发行	中国人民大学出版社				
社　　址	北京中关村大街31号		**邮政编码**	100080	
电　　话	010-62511242（总编室）		010-62511770（质管部）		
	010-82501766（邮购部）		010-62514148（门市部）		
	010-62515195（发行公司）		010-62515275（盗版举报）		
网　　址	http://www.crup.com.cn				
经　　销	新华书店				
印　　刷	北京华宇信诺印刷有限公司				
开　　本	720 mm × 1000 mm　1/16		**版　　次**	2022 年 7 月第 1 版	
印　　张	15.75 插页1		**印　　次**	2025 年 9 月第 5 次印刷	
字　　数	200 000		**定　　价**	68.00 元	